「昭和42年」生まれの逆襲

時代の変動を乗り越えてきた
「僕ら」の苦悩と栄光

もちろん昭和42年生まれ
内池久貴
uchiike hisataka

言視舎

Born in January 1,1967-April 1,1968

はじめに

自分の生まれた年を誇りに思いますか?

そう問われたときには、誰だって返答に困るのではないだろうか。

それが普通の感覚のはずだ。

しかしである。

昭和42年(1967)……。いい時代に生まれたのだとは思う。

少し早かったり遅かったりするくらいならまだいいけれど、かなり早かったり遅かったりするのは嫌だ。戦争や戦後を経験したかったと思わないのはもちろん、子供のうちからインターネットや携帯電話を普通に使うような時代で育ちたくはなかったからだ。

いろいろありながらもアナログな「昭和」で幼少期と10代を過ごし、改元があった翌年に大学を卒業した。それからは目まぐるしいスピードで世の中が変わっていった「平成」でオトナとしての時間を生きてきて、知命の年といわれる50歳を過ぎてから新たな時代、「令和」を迎えた。

そのバランスがよかったと思うのだ。

その意味でいえば前後の年あたりの生まれでもよかったとはいえるかもしれない。ただし、昭和41年に関しては八百屋お七と同じ丙午《ひのえうま》に当たるのでちょっと微妙か……。丙午に生まれた女性は

「夫を食い殺す」とか「嫁の貰い手がない」とか言われていたことから人口までが減り（それもすごい話だ）、その分、昭和42年と43年は人口が増えている。そのためいろいろ競争率が高くなったとは言われているけれど、あまり影響を感じたことはない。

ちなみに**昭和42年は丁未《ひのとひつじ》**に当たる。だからどうだということはべつにないはずだ。そもそも丁未という言葉自体、ほとんど耳にしたことがない。

飛鳥時代には「丁未《ていび》の乱」と呼ばれる争いがあって物部氏が衰退している。だからといって、丁未の年は不吉だとかそういう話にはなっていない。

では、昭和42年に限定した場合の〝誇り〟といえば何があるのか？

もし明治の年号が続いていたとすれば、**明治１００年に当たった**ともいわれるが、そうならなかったのが悔しい……と思ったことなどはない。

大政奉還があったのが１８６７年なので、僕たちが生まれる１００年前だった、というふうに覚えやすいメリットがある。そんな程度に考えている。

昭和42年に絞った自慢としてまず頭に浮かぶのは**『ウルトラセブン』と『あしたのジョー』と同じ年に生まれた**、ということだ。

確認するまでもなく特撮ドラマと少年漫画（アニメ）の金字塔である。

『ウルトラセブン』は昭和42年に放送が開始された。

『あしたのジョー』は漫画が先行していたうえでアニメになっており、『週刊少年マガジン』で連載が始まったのが昭和42年12月だった。

この2つの作品に関していえば、子供の頃に限らず、繰り返し見て、繰り返し読み、自分の中に沁み込ませてきている。広範囲の世代がそうしてきたはずでも、ピンポイントでその歩みを始められたこと自体が嬉しい。

もちろん僕は『仮面の告白』の私（三島由紀夫）ではないので、生まれたときの光景や生まれた年に見たテレビや漫画などは覚えていない。

それでも、どちらも繰り返し再放送されていた番組なので、記憶に焼き付いている。

アニメ『あしたのジョー2』の最終回を見るときに「今日は30分、まばたきしないでいるよ」と兄に言って、「それは無理！」と冷たく返されたことも覚えている。

初回放送が昭和56年（81）8月31日。

この日、矢吹丈はブラウン管の中ではじめて**真っ白な灰**になっている。

『ウルトラセブン』と『あしたのジョー』に対する愛はオトナになっても変わらず、僕が35歳だった頃には、『ウルトラセブン』に関するちょっと難しげな原稿を書いたりもしていた。

「ベトナム戦争がまだ続いていた１９６７年という不確かな時代に、金城哲夫らウルトラセブンの脚本家たちが地球に宇宙人を迷い込ませた意味は……云々」みたいな感じのものだ。

日本はベトナム戦争に参戦していなくても、昭和42年には**反対運動が激化**していた。

ベトナム戦争に協力していた佐藤栄作首相の東南アジア訪問を止めようとする新左翼と機動隊が衝突した**羽田事件**が起き、その後には佐藤首相の訪米に反対する運動家が首相官邸前で焼身自殺する事件もあった。

そんな時代であったうえに金城哲夫と上原正三という脚本家二人が太平洋戦争の記憶を持つ沖縄出身者だったことも大きかった。

『ウルトラセブン』には「人間（地球人）は侵略者だ！」といったセリフも出してくるし、セブン自身が宇宙人と戦うことに迷ったりもしていた。

セブンのルックスはウルトラ兄弟のなかでも人気が高かったけれど、カッコいいのひと言で済ませられるヒーローではなかったのである。

ジョーに関しても似たことがいえる。

なにせ主人公の矢吹丈は鑑別所や特等少年院を経験している。

ボクサーになってからも〝力石徹を殺した記憶〟に悩まされ、リング上で吐いたりしていた。ただ強いだけのまっすぐなヒーローではなかったということだ。

……と、僕はべつに難しいことを書き連ねていきたいわけではない。

こうしたことは後付けといえば後付けの見解に過ぎない。

僕だって子供の頃は、そんなに難しい見方をしていたわけではなかった。

ただ、この二大ヒーローに関してオトナになってから振り返ってみれば、**「昭和42年生まれ」を象徴する存在**だったとも感じられるのだ。

世の中には苦労も挫折もなく成功してきた人なんてそんなにいないのかもしれない。だが、昭和42年生まれにはとくに紆余曲折が多い道を歩んできた人が多い気がする。

岡田有希子と**本田美奈子**。

自らの死をもって〝伝説〟になった昭和42年生まれのアイドルが二人いることも、なにかを暗示しているような気がする。

いま活躍している人たちもそうだ。たとえば、テレビやラジオの人気者になっている**伊集院光**にしても苦労知らずの成功者ではない。この人はもともと不登校になっていたのを周囲に心配されて、落語の圓楽一門へ入門することから芸能の世界に入っているのだ。

昭和42年生まれの真打ちといえば、**清原和博**である。

高校時代から同年生まれのヒーローになっていた人だが、これほど紆余曲折が多かったスターも少ないのではないか。

極端にいえば、僕たち昭和42年生まれの人間は、この人の半生に一喜一憂しながらここまで生きてきたともいえる。

もちろん、一面においては、ということだ。

望むかどうかにかかわらず、清原の動向は常に耳に入ってきていた。いい意味でも悪い意味でもこれだけ目立つ人間はなかなかいない。終わった人だと思われるかもしれないが、終わってなどいない。

昭和42年生まれの得意芸のひとつには〝悪あがき〟がある。……あるはずだ。

そのスピリットをもって再び表舞台に帰ってきてほしい。そんな願いを込めて、この本では清原を一般人とは捉えず、敬称を略させていただくことにした（基本的にほとんどの人は敬称略にさせてもらっているが）。

べつに清原に興味なんてないけど……。自分を重ねるところなんてなかったけど……。という人だっているだろう。当然である。そういう人はまあ、そういう見方もあるのか、と他人事として読んでもらえたならありがたい。べつに清原のことだけを書いているわけではないから。

また、自分は紆余曲折なんかなく順風満帆だったという人もいるだろうけど、そういう人はこの本を手に取ることなどはなく、もっと高い場所にいるに違いない。勝手にそう決めさせてもらうことにした。そういう人をかまっているのは面倒だから。

僕自身にしても、子供の頃はどちらかというと自分は多才な人間だと思っていたけれど、結局のところは紆余曲折の多い人生を歩んでいる。しょせん自分なんてこんなものかとあきらめかけたこともあった。でも、50歳が近づいた頃からは、自分は**大器晩成型**なんだと信じることにした。

要するに、終わってもいなければ、まだ始まってもいないということだ。

というわけで、昭和42年生まれの僕たちの人生はこれからなんです！

どれだけ紆余曲折があっても、**最後に花は咲かせられる**。

この本を読んでもらえれば、そういう自信を持ってもらえるのではないか。

そんな想いも込めて書いた一冊である。

人生いろいろだけど、同じ年に生まれたというだけでも他人とはいえない。

いや、他人は他人だけど、誰に対しても何かしら感じるところを持てる〝**同級生**〟だということだ。清原に限らず、岡田有希子や本田美奈子も含めて、世間によく知られている同級生たちの歩みを見直しながら〝僕たちの生きてきた半世紀〟を振り返っていきたい。

そこではきっと、「これから」に対する希望がみつかるはずだから。

※なお**本書の「昭和42年生まれ」の定義**は、**昭和42年（1967）1月1日から**同年12月31日に生まれた人に加え、昭和42年度生まれの人、つまり**昭和43年（1968）4月1日まで**に生まれた人としている。

目次

第5章 絶望と希望と。

「昭和42年生まれ」の逆襲

第1章

傷だらけの同級生

あの日、清原和博は泣いていた

昭和62年（1987）11月1日、西武ライオンズ球場で行なわれていた**西武対巨人の日本シリーズ第6戦**。

9回表ツーアウト。あとワンアウトを取れば西武ライオンズの日本一が決まるという場面でのことだった。まだ試合が終わっていないにもかかわらず、涙を流しはじめた男がいた。

一塁の守備についていた清原和博である。

昭和42年8月18日生まれの清原は、このとき20歳だった。

この本を手に取ってくれている人の多くも20歳だったのではないかと思う。昭和42年生まれで、この年の誕生日をすでに迎えていれば、自然にそうなっている。

ちなみに6月生まれの僕も20歳で、大学2年生だった。ちょうどこの頃、人生ではじめてのギックリ腰をやってしまい、翌年の成人式には行けなかった。ギックリ腰になったのは、しっかりとした体勢をとらずにくしゃみをしてしまったことによる。歩くのもきつい状態で大学の近くにあった柔道場を兼ねた整骨院に行くと、「鍛えてなさすぎる！」と叱られた。子供の頃から運動神経は悪くなかったほうだが、高校は帰宅部で、大学では麻雀三昧。当時は体重も50キロほどしかなかったので、ぜい肉もなかったけれど筋肉もなかった。そう言われたのは、まあ仕方がない。

いずれにしてもここでは関係ない話だ。

日本シリーズである。

のちに清原はこのときのことを振り返り、勝利が近づいているのを実感しているなかで、三塁側ベンチに座っている王貞治監督の姿が目に入ったのが泣いたきっかけだったと回顧している。

「幼い頃から王さんに憧れて野球をやり、それで王さんにいらないといわれて西武のユニフォームを着た。その王さんが敗北を意識したように天をあおいだんだもの。**あの時、今まで忘れていたものがこみあげてきましたワ**。涙は隠したくありませんでした」（『Ｎｕｍｂｅｒ』１９８７年11月20日号より）

実際に王さんから直接、「お前はいらない」と言われたわけではなくても、この2年前に行なわれていた〝ドラフトの結果〟はそう言われたのに等しいと清原は受け取っていたということだ。

突然、清原が涙を流しだしたことにより、試合は中断した。

普通は考えにくい事態だ。それほどしっかりと泣いていたわけである。

マウンドにいた工藤公康は、このときの清原の涙が「美しかった」とも語っている。

この試合はそのまま西武が勝ち、日本一に輝いた。

その瞬間を待たず清原が突然泣き出したあの光景は、大げさではなく、いまも忘れられない。まぶたに焼き付いているといえばさすがに大げさだが、とにかく驚いた。

バカだなあ、と思った。

バカだなあ、と思いながら泣けてきた。

バカってかっこいいなあと思いながら、もらい泣きをしていた。

これほど純な男はなかなかいない。いたとしても、その純なバカっぷりを丸出しにして全国放送され、ほぼ全国民に知られていくようなことはまずあり得ない。

「清原、見たか？」

あの頃であれば、それだけ言えば、何のことなのかは誰でもわかった。

それくらい衝撃的なことだった。

あんな場面で突然、泣きだす奴はいない。

いないのにやったバカがいる。

その涙には、あきれるほどのインパクトがあった。

だからこそ、僕はもらい泣きした。

いまはまあ、年をとって涙もろくなっているけれど、この頃はそうそう泣くことなんてなかった。

感動の映画を見たりしたときよりも心が動かされた。あの日、全国にはそういう人が何万人もいたのではないかと思う。あの日の清原は〝歩くアカデミー賞〟のようなものだったのだ。

高1の夏、僕たちの前に現われたKKコンビ

改めて書いておく。

清原和博――。栄光と挫折を繰り返した果てに、暗くて深すぎる穴に落ちてしまった男、である。

この男の存在を知ったのは僕が16歳のときだ。


昭和58年（83）**の夏**。

8月生まれの清原は15歳で甲子園デビューして、大会途中に16歳になっている。

15歳なんて中坊に毛が生えたような子供だ。そんな年齢の男が高1にしてPL学園の4番バッターとして甲子園に出場してきたのである。

高1で甲子園のスターになる例は、他にもないわけではない。だが、同級生であれば自分と比較することによりそのすごさを実感しやすい。

この頃、僕はただの高校生だった。全国の同級生のほとんどはそうだったろう。友人や親戚、知り合いなどを除けば、自分の名前を知る者は地元の他ではほぼいない。しかし、清原和博という15歳の少年の名前は、全国のほとんどの人が耳にしていた。

当時、PL学園は高校野球の一大ブランドだった。

〝人文字のPL〟……甲子園名物の人文字は昭和37年（62）にPL学園がやったのが最初といわれ

る。

〝逆転のＰＬ〟……昭和53年（78）夏の甲子園では準決勝、決勝とすごい逆転劇を演じて優勝していた。

〝ＰＬ教のＰＬ〟……ＰＬ学園はＰＬ教団が運営している。我が家には親戚か知り合いが置いていったＰＬ教団の日めくりカレンダーか何かがあった気がする。ＰＬ、すなわちパーフェクトリバティーである。

清原が卒業したずっとあとになる２０１６年には、ＰＬ学園の野球部は問題が相次いだことから休部になっている。

いじめ、暴力事件、喫煙事件などが取り沙汰されたが、昭和の運動部であれば、ある種、日常的な光景だったといえなくはない。

〝上級生は天皇〟というのは多くの体育会系組織では当たり前の世界観のようなものだった。上級生が下級生をしごき、何かとムチャをやらせるのは日常茶飯事で、「そこに愛はあるのか？　エスカレートしすぎてはいないか？」という部分が問われる。

ＰＬ学園野球部には「女を見るのは禁止」という規律も存在していたという。そう聞いてもべつに驚きはしない。ただやはり、いきすぎなところはあったのだろう。そうした世界観が「平成」になっても続いていたことに問題があったわけだ。

ＰＬ出身のプロ野球選手は数えきれないほどいる。それくらいの名門なので、現在、休部になっているのはとにかく残念だ。

最近は聞かなくなったが、阪神タイガースが低迷するたび、「**ＰＬと試合をしたら、阪神が負けるんちゃうか**」と言われていたものだ。かつてのＰＬは、根尾昂たちがいた大阪桐蔭より強かったのではないかとも思う。実際の強さはくらべられないにしても、それだけの凄味と伝統があったのだ。

そのＰＬ学園で、１年生のときから４番を務め、１年の夏に優勝してしまったのである。２年では春夏ともに準優勝。３年では春がベスト４で、夏に再び優勝！

ドカベンがいた明訓高校ほどではないにしても、すごい３年間だ。とにかく清原はホームランを打ちまくり（高校通算64本）、桑田真澄とともに甲子園を席巻してみせたのだ。

そう、**桑田真澄**についても書いておかなければならない。

桑田真澄は昭和43年４月１日生まれ。21時頃に産声をあげたといわれる。あと３時間遅く生まれていたら次の学年になっていた〝**早生まれのなかのラストボーン**〟ということだ。

１年生のときから事実上のエースになっており（１年時の背番号は11だった）、投げては完封、打ってはホームランと、清原に負けない活躍ぶりだった。限りなく中３に近い高１だったことを考えれば、それこそ驚異の15歳である。

清原と桑田は「**ＫＫコンビ**」と呼ばれ、甲子園を席巻した。

この後の甲子園では「5打席連続敬遠」された松井秀喜や「平成の怪物」松坂大輔なんかも出てきたが、まったく負けてはいない。清原と桑田は未来永劫語り継がれていくべき特別な存在だった。

のちに清原は「**日本の野球界でイニシャルで呼ばれるコンビって、ONとKKだけでしょ**」とも

KK コンビ＝清原と桑田。
1984 年、第 56 回選抜高校野球にて。毎日新聞社提供

言っている。

たとえば清原は西武時代、秋山幸二と合わせてAK砲と呼ばれていたし、そういうコンビ名は他にもそれなりに見られる。近年では、菊丸コンビ、タナキクマルのような和名も増えてきた。だが、こうしたコンビ名に関しては、打順が変わったり移籍があったりすれば、おしまいになる。そういうシーズン限定的な呼び名ではなく永久欠番的なコンビ名はONとKKくらいしかないのは確かだ。

とにかく清原と桑田の高校時代はすごかった。

のちに清原に対しては、ピークは高校時代から20代前半だったのではないかという声も聞かれるようになったほどだ。それどころか、「高校時代にはすでに完成しており、プロになったときには下降線に入っていながら高校時代の利子でやっていたのではないか」という見方をする人もいる。

そんな清原と桑田は、高校時代に切磋琢磨する3年間を過ごしていたものの、やはり両雄並び立たず、ということだったのだろうか……。

いわゆる「**KKドラフト事件**」が起きてしまう。

それが悲しき清原和博の第1章といえる。

KKドラフト事件の衝撃！

高3の秋、清原はプロ入りを志望した。ただし、自身が熱烈な巨人ファンで、父親が阪神ファンだったことから「巨人か阪神でなければノンプロに行く」と表明していた。そのための就職先も日本生命に内定していた。

一方の桑田は子供の頃からの夢だったとして早稲田大学進学を表明。ドラフトで指名されてもプロ入りは拒否すると明言していた。

しかし、フタを開けてみれば……。

巨人は桑田を単独指名したのである。

そして桑田は「**巨人に行かないと言ったことはない**」と、巨人に入団することになる。

昭和53年（78）の「江川事件」とともにドラフト暗黒史として挙げられるような展開だった。だからこそ「KKドラフト事件」などと呼ばれる。

巨人が桑田を単独指名した一方、清原は阪神など6球団が指名。巨人は当然、そこに含まれず、くじ引きによって西武が交渉権を獲得した。

その後に開かれた会見でも清原は涙をみせた。

嬉し涙ではなく、悔し涙だ。

18歳の高校3年生が人目もはばからず目に浮かべた悔し涙である。

このときもやはり全国の人たちがその涙を目にすることになった。

巨人ファンも含めて誰もが複雑な気持ちにさせられたものだ。

当初、清原は西武入団を断わり、日本生命に行くものとみられていたが、結果的には西武入団を選んでいる。母親から「**あんたが勝手に巨人に惚れて、フラれたのだから、男らしくきっぱりあきらめなさい**」と言われたのが決め手になったようだ。「巨人に惚れて、フラれた」という言葉は「王さんに惚れて、王さんにフラれた」とも置き換えられる。

同級生の非難につながることはあまり書きたくないが、桑田に対しては「**嘘つき**」というレッテルが貼られた。

舞台裏で何があったかは、いろいろな人の証言があった現在でも完全には明らかになっていない。桑田に対しては嘘つきという見方がされていた一方で、巨人が高校生相手に〝密談〟を持ちかけたのではないかと考える者も多かった。

桑田は悪いオトナに騙されただけ。

巨人という球団が、清原と桑田の友情を引き裂いた――。

大方では、そんな見方がされていたのだ。

僕もまあ、およそそんなふうに考えていた。

僕の場合、100%の他人事とはいえない悔しさも残った。ドラフトにおけるこのどんでん返しがなければ、翌春からは早稲田大学で桑田の同窓生になっていたからだ。学部はおそらく違っていたし、教室などで彼の姿を見かけられたかどうかはわからない。その意味でいえば、99%は他人事だ。だが、もしそうなっていれば、僕にとって桑田は〝生涯自慢できる同窓生〟になっていた。

そうなるはずだった事実は、あっけなく消されてしまった。

そのこともあり、個人的にも忘れられないドラフトになっている。

このとき桑田を指名した巨人の王監督は「**桑田指名は前から決めていた**」と発言している。

巨人は自分を指名すると信じて疑わずにいたはずの清原は耳を疑ったことだろう。そのことが2年後の涙につながる。

日本シリーズで清原が流した涙には、ひと言では言い表わせられない、いろんな想いが詰まっていたはずだ。巨人、王さん、桑田に対する「ザマミロ」の意味もあったかもしれない。あったとしてもそれがすべてではない。プロ入りを見送ろうとしていながら西武に入団することを決め、2年後に自分が〝勝者〟になろうとしていたことによる涙だ。

2年という月日は長くはないかもしれないが、短くもない。

よくやったな、自分——。

そんな涙だったからこそ、工藤はそれを「美しい」と言い、もらい泣きする人も多かったのではないか。

その時点での清原は、実際の同窓生になるはずだったのにならなかった桑田とはくらべられないような自慢の同級生になっていた。

あの頃、清原和博はたしかに光り輝いていた——。

3歳で子役になり、7歳で『傷だらけの天使』に出演した坂上忍

ここで少し時間を巻き戻しておきたい。

僕たちを驚かせた同級生は清原が最初だったのかといえば、そうとはいえない。世の中に出てきた1等賞は**坂上忍**だ。

昭和42年6月1日生まれ。3歳で劇団に入って天才子役と言われ、5歳頃からテレビドラマの出演が増えていた。11歳では『**ふしぎ犬トントン**』というドラマの主役になっている。『ふしぎ犬トントン』はあまり印象に残っていないけれど、この頃には、日本中で坂上忍という子役の名を知らない人間はいないくらいになっていた。

7歳の頃には『**傷だらけの天使**』（昭和49年［74］）の第1話に出ていた。説明する必要もないような伝説のドラマだ。

第1話は「宝石泥棒に子守唄を」。監督は深作欣二だ。

主人公の木暮修（言わずと知れた〝ショーケン〟萩原健一）が、綾部情報社の女社長（エマニエル夫人のような椅子に座っている岸田今日子）の依頼を受けて宝石泥棒をしていた際に坂上少年にケガをさせてしまう。そのため木暮は、逃走中にもかかわらず、心配でお見舞いに行くというス

トーリーだ。坂上少年のセリフはそれほど多くはないものの、タイトルが示しているようにショーケンのキャラクターを決定づける重要な役どころになっていた。

この頃の坂上忍はとにかくあどけなかった。いわれてみればたしかに面立ちは坂上忍だな、といった感じの美少年だ。この頃の顔を見る限り、これから先、酒と競艇（ボートレース）にまみれた人生を送っていくのだとは想像もつかない。

いまこのドラマを見返してみてあらためて驚く事実のひとつは、坂上忍のお母さん役である真屋順子（ゲスト出演）が、チョイ役の男と不倫を演じて、ほんのちょっとでありながらもバストトップを見せていることだ。当時のドラマでおっぱいが映されることは珍しくなかったが、一流の女優までがテレビドラマで脱ぐケースがあったわけだ（少し遡れば、昭和40年［65］から放送されていた『時間ですよ』では毎回、女湯の場面があったが、脱いでいるのは知らない女性ばかりだった）。

もっともこのときは、脱ぐか脱がないかで深作監督と真屋さんがもめたらしい。

そういう〝オトナの話〟を聞かせたくないからと、ショーケンは坂上忍を現場の外に連れ出していたそうだ。ショーケン自身がのちにそう証言している。

素顔のショーケンと木暮修がリンクするいい話である。

僕たちの世代にとってのショーケンは、松田優作と並ぶ絶対的なヒーローだ。その人と共演できているということ自体、とてつもなくうらやましいことである。

さらに坂上忍は、昭和50年（75）には山口百恵の『**赤い疑惑**』に単発ながら出演！同じ年、宇津井健主役の『**たんぽぽ**』第2シリーズではレギュラー出演し、昭和56年（81）には大河ドラマ『**おんな太閤記**』で石田三成の子供時代を演じた。『おんな太閤記』の頃には14歳になっているけれども、7歳や8歳でショーケンや山口百恵と共演していたのだからすごすぎる。

そういう年齢の頃の自分が何をしていたかと思い出してみれば、違いの大きさに愕然とさせられる。小学校に入学したばかりのうちは何を目指すわけでもなく、近所の子供たちと遊んでいただけ。野球や釣りなんかを始めたのはもう少しあとのはずだから、親に50円くらいの小遣いをねだって一個10円の駄菓子なんかを食べていたのではないかと思う。

対して坂上忍は、テレビに出ていることで鼻高々になっていたのかといえば、そうではなかった。出演を続けることによって親の借金を返していたというのである。父親が大きな借金をつくってしまったためにその筋の人たちが家まで取り立てにきていたらしい。

借金返済のため、やめたかった子役をやめられず、いじめられることもあったことから、何度も自殺を考えていたそうだ。

そうした事情があったため、本当は目指したかったプロ野球選手になる夢をあきらめたのだともいう。だからこそ、清原に対しては「特別な想い」を抱き、「本物のスター」として見ていたと、著書などで本人が振り返っている。

坂上忍は高校には入学式だけ行って、その日のうちに退学して家出をしているというから、余計に甲子園時代の清原がまぶしかったに違いない。

同級生は、ある意味、映し鏡だ。

同じ年齢の他人に自分を投影して、「もし、自分があの立場だったなら……」などと考える。

自分には手が届かない世界で活躍していれば、複雑な気にさせられながらも、やはり特別な意味を持つ存在になってくる。

17歳、『魔の刻』で濡れ場！　そのとき坂上忍は……

同級生は〝夢の代行者〟になることもあるわけであり、その点でいっても坂上忍はとんでもないことをしている。

なにせ17歳の頃には**『魔の刻』**という映画で**岩下志麻と濡れ場**を演じているのだ。

濡れ場である。

このとき岩下志麻は43歳で、母親役だった。要するに、禁断の関係ってやつである。丸見せの濡れ場ではないけれど、かなりきわどいシーンを演じていた。

僕たちが17歳の頃、43歳の女性がどういう対象だったかといえば……、もちろん、それが誰なのかによる。どこかのおばさんであれば、別に興味はない。

だが、銀幕の女優となれば話は別だ。この人たちは、アイドルとは違った意味で〝女性〟というものを感じさせてくれる存在だった。要するにオトナの女だ。津川雅彦や菅原文太といった人でなければ、手を触れることもできないほど遠いところにいる人たちである。

そういう一人である岩下志麻のお相手を、自分と同じ年齢の男がつとめるというのは信じられないことだった。

この年代の青少年といえば、普通は『GORO』や『スコラ』……、ちょっとソフトなところで『Momoco』、ちょっとハードなところで『EIGA NO TOMO（映画の友）』などを見て妄想をふくらませていたものだ。同級生の男性には説明する必要もないだろう。『EIGA NO TOMO』は、一般映画を特集する『ロードショー』や『スクリーン』とは違い、にっかつロマンポルノを特集する雑誌だった。つまり、ほぼエロ本である。

参考のために書いておけば、当時、そのジャンルのアイドル的存在になっていたのが美保純だった。彼女は昭和35年生まれなので、少しおねえさんにあたる。『セーラー服　百合族』の山本奈津子が昭和40年生まれ。同じ年の女優はいなかったかと調べてみると、『女豹』という作品で初主演を務めた**田中こずえ**が昭和42年の1月生まれのようだ。あまりピンとこない。

いずれにしても、インターネットもなければ、にっかつロマンポルノも雑誌でしか見られなかった時代である。我々の高校時代はちょうど、町に個人経営のようなレンタルビデオ店ができはじめた頃にあたる。にっかつロマンポルノ作品を借りに行った同級生が「あんた、高校生でしょ！」と怒られたこともあったくらいだ。

なのに坂上忍は……である。

〝女優のなかの女優〟である岩下志麻さんと生身で交わっていたのだ。

生きている世界が違いすぎる。


ただし、坂上忍には坂上忍で、つらい思い出があるようだ。

この頃の坂上は、どうすれば子役のイメージから抜け出せるかと悩んでいた時期だった。そんなときにこの作品への出演オファーがきたため、大人の役者に脱皮するチャンスだと考え、この仕事を受けたのだという。

だが、主演が岩下志麻というだけでなく、監督は降旗康男で、スタッフもキャストも一流揃い。すぐに鼻っ柱をへし折られることになってしまう。とくにカメラマンの木村大作（黒澤明と仕事をしていたすごい人）からはよく怒鳴られていたそうだ。

たとえば映画の中には、魚の臓物が溜まったゴミ箱をかぶるシーンがある。その撮影の際には、木村の指示により、リアリティを出すため本当の生ゴミがゴミ箱に放り込まれていたのだともいう。

「わたしはボ～っとその光景を見ながら、クランクアップしたら、まずこのオヤジを殺してやろうと心に誓いました」

自著『**スジ論**』の中で、坂上はそう書いている。

自分がかぶらされることになる生ゴミを遠目で見ている坂上忍の冷めた顔が目に浮かぶようだ。いまでも時おり見せることがある、死んだ魚のような目をしていたことだろう。

そのうえ……、問題の濡れ場では**前バリ**である。

人生初のベッドシーンに挑む際に坂上は、きっちり前バリをしていたらしい。

最近になって本人がテレビで告白しているところによると、この前バリもずいぶん厄介だったようだ。焦りと緊張で追いつめられて、本番直前にトイレに駆け込んだものの、前バリをうまく剝がせず、もがいているうちに失禁してしまったというのだ。

17歳の少年が岩下志麻のお相手をするというのはそれだけハードルが高かったということだ。いくら子役としてさまざまな役割をこなしてきていても17歳の少年であることには変わりがない。こうしたことをいまになって告白する坂上は偉いと思う。

こんな話を聞けば、スターも身近に感じられるというものだ。

ちなみに坂上は16歳の頃に歌手デビューも果たしている。

それに関しては〝黒歴史〟といってもいいのかもしれないが……。

子役時代に出したレコードは別にすれば、デビュー曲は「J．D．BOY」。

本人は洋楽が好きでアーティスト志向があったようだが、望みのまま、やりたいようにやらせてもらえるほどあまい世界ではない。

アーティストなのかアイドルなのか区別しにくい、あの時代特有の売り出し方をされていたように記憶している。

同時期にデビューしていたのが尾崎豊（昭和40年生まれ、デビューは昭和58年）や吉川晃司（同じく昭和40年生まれ、デビューは昭和59年）という世代だ。

中途半端な立ち位置であればなかなか頭角を現わすのは難しい。実際のところ、アーティストとしての坂上忍はそれほどパッとはしなかったはずだ。

その後、20代では飲酒運転がもとで謹慎していた時期もあった。

30代では演劇集団をつくり、40代では子役スクールを立ち上げた。

完全に〝消えていた〟のは謹慎期間くらいだったとはいえ、子役時代にくらべれば、その姿を目にする機会は確実に減っていた。

そういう時期を過ごしてきていたうえで、この年齢になり再ブレイクを果たしたわけだ。

世の中に出たのが誰よりも早く〝同級生の出世頭〟のようになっていても、**その道のりはなかなか大変で〝傷だらけ〟**のものだった。

それが現実だったのだ。我々はそれを知っておくべきだ。

昭和42年の風景①
僕たちが生まれた年に〝いだてん〟金栗四三はゴールした

昭和42年（67）3月21日、金栗四三はストックホルムでゴールしている。

大河ドラマ『いだてん～東京オリムピック噺～』を途中まで見ていた人は「えっ、どういうこと？」と不思議に思うかもしれない。

『いだてん』の主人公である四三が出場したのは明治45年（1912）に開催された**第五回ストックホルムオリンピック**だったからだ。

マラソンの四三と、短距離の三島弥彦は、初めてオリンピックに出場した日本人だ。だが、このストックホルム大会での四三は、レース途中に日射病で倒れてゴールはできていなかった。

このときのストックホルムは最高気温が40度になる記録的な暑さで、マラソンに参加した68人のうち完走できたのはちょうど半分の34人。翌日に死亡した選手もいたほど過酷なレースになったのだ。四三が倒れたのは、この日が暑かったというだけではなく、白夜のため眠れない夜が続いていたことやアクシデントのため当日は走ってスタジアム入りしていたなど、さまざまな要因が重なっていた。

その後、四三は次のベルリンオリンピックを目指したが、第一次世界大戦が起きたためにベルリン大会は中止になる。そこで四三の選手としてのピークは過ぎたと見られた。それでも四三を超える選手はなかなか現われず、大正9年（1920）のアントワープオリンピックと大正13年（1924）のパリオリンピックに出場することになる。だが、全盛期を過ぎていたうえに、それぞれベストコンディションで走ることができず、アントワープでは16位、パリでは途中棄権となっていた。

それからさらに時が過ぎていった昭和42年——。ストックホルムでオリンピック開催55周年記念式典が開催されることになると、その委員会は四三に一通の招待状を送った。

そこにはこう書かれていた。

「あなたは1912年7月14日にストックホルムのスタジアムからスタートして棄権の届け出をしていない。完走を要請します」

それで四三はストックホルムへ行き、用意されたゴールテープを切ったのである。

「日本の金栗四三がゴールイン！　**タイムは54年8カ月と6日、5時間32分20秒3。**これにて第五回オリンピック・ストックホルム大会はすべての日程を終了しました」

そんなアナウンスが流された。

このとき四三は75歳。走ったのはスタジアム内のトラックを10メートルほどだけだった。

その後にはこう語った。

「**長い道のりでした。**このあいだに妻をめとり、子が6人と孫10人ができました」

まさに半生である。

金栗四三はただオリンピックに出ただけでなく、駅伝の開催に尽力するなどして「**日本マラソンの父**」と呼ばれるようになった人物である。そんな偉人の意味深いゴールが昭和42年に切られたというのも何かを示唆しているようだ。

ストックホルムにおいて日射病で倒れた翌日、四三は日記にこう書いていた。

「失敗は成功の基にして、また他日その恥をすすぐの時あるべく、雨降って地固まるの日を待つのみ」

第2章

10代で登場したアイドルたち

中2の伊藤つかさが『金八先生』に登場！

スーパーマーケットでポイントを貯めて歌謡コンサートに行く。

小学生の頃はそんな時代だった。

それで見たのが研ナオコ。

他にはデパートのイベントで高田みづえを見たのを覚えている。

中学に入ってからアイドルのコンサートに行ったことはないが、レコードを買って、自分の部屋に特典ポスターを貼ったりはしていた。

気に入っていたのが中森明菜のポスターだった。ダンスレッスンのあとをイメージしたのか、赤いレオタードを着ているものだ。幼げな感じの表情で、逆に色気がにじみ出ていた。セカンドアルバム『バリエーション〈変奏曲〉』の特典だったと記憶している。中森明菜は昭和40年生まれで、昭和57年（82）のデビュー。セカンドアルバムもその年のうちに出しているので、僕は中3だったことになる。このポスターはわりと長く部屋に貼っていた。

アイドルとの〝お付き合い〟はそんな感じだった。フツーの中学生として、お気に入りのアイドルをつくってはいたけれど、基本的には遠い存在だった。

数年前に3歳年上のイジリー岡田さんの取材をしたことがある。イジリーさんはもともとアイドルの追っかけをやっていたような人だ。

中森明菜にはテレ東の食堂で会うことができ、写真を撮らせてもらったことがあるそうだ。

驚きは小泉今日子（昭和41年2月生まれ）との関係だ。イジリーさんがただの高校生に過ぎなかった頃、**『スター誕生！』**の公開収録に当選したことから、同じバスに乗って山中湖に行き、バスの中では手紙のやり取りまでしたというのだ。その手紙はいまも宝物として持っているらしい。

他にも、マイナーではあるが水谷絵津子というアイドルと縁を持ち、彼女が引退して田舎に帰るときには羽田空港まで見送りに行ったという。

アイドルとそんな距離感を持てていたということ自体が驚きだった。行動力のたまものであるにしても、やっぱり首都圏の中高生は違うな、とうらやましく思ったものだ。


それはともかくである。

清原が甲子園デビューを果たし、坂上忍が濡れ場を演じたりしていた頃から、アイドルたちが年上ばかりではなく、同じ年頃になっていった。

アイドルの原風景として記憶に残っているのは、森昌子、桜田淳子、山口百恵の「花の中3トリオ」だ。彼女たちのデビューは昭和47年（72）から48年（73）。その頃はまだ僕などは幼稚園児だ。

小学生の頃にはピンク・レディーに熱狂し、その後に松田聖子が出てきた。松田聖子のレコードデビューが昭和55年（80）なので、中学に入る年だ。彼女は昭和37年生まれなので5歳年上になる。

その後に出てきたのが中森明菜や小泉今日子だ。まだ少しだけ年上だけど、年齢のうえではアイドルたちがずいぶん身近な存在になってきた。

同じ年齢のアイドルとして最初に存在感を示したのが**伊藤つかさ**だ。

彼女は昭和42年2月21日生まれなので1学年上だが、なんといってもあの顔である。学年では上になるというような意識はまるで持たれなかった。

伊藤つかさは子役として早くからテレビドラマに出ていた人だが、そのあたりのことはよく知らない。経歴を見ると、たとえば昭和53年（78）の大河ドラマ『黄金の日日』で「少女役」を演じた、とある。『黄金の日日』は見ていたけれど、さすがに役名もつかない少女役ではその存在に気づかなかったのか、覚えていない。

世間でその名を知られるようになったのは**『3年B組金八先生』の第2シリーズ**だ。クラスのアイドル、赤上近子を演じている。

この放送が始まったのが昭和55年（80）10月だから、僕は13歳で中1の秋。伊藤つかさは中2だったことになる。

ただし、うちの田舎は民放が2局しか映らない地域であり、恥ずかしながら『金八先生』はリアルタイムではなく少し遅れての放送だった。そのため、放送開始されてすぐに伊藤つかさに飛びつくことはなかった。雑誌などで情報を知っていたくらいだ。

翌年、「**少女人形**」で歌手デビューを果たすと、その人気に火がついた。

「少女人形」のジャケットは、セーラー服姿の彼女が闇の中から浮かびあがっているような感じのものだ。あどけない顔に八重歯。いかにもアンタッチャブルな感じのあざとい写真だった。

昭和の校内暴力と平成のヘアヌード

『3年B組』で伊藤つかさの同級生だったのが沖田浩之やひかる一平、川上麻衣子らだ。

「**腐ったミカンの方程式**」の加藤優（演じたのは直江喜一）の存在感も圧倒的だった。

金八先生は「我々はミカンや機械を作っているんじゃないんです、人間をつくってるんです！」と叫び、加藤らが逮捕される場面では**中島みゆきの「世情」**が流された。

あのあたりの光景をいまも忘れられない人は多いに違いない。

当時は**校内暴力のピーク**で、僕が通った中学もそうだった。

とくにひどかったのが僕が中1のときの中3の代だ。

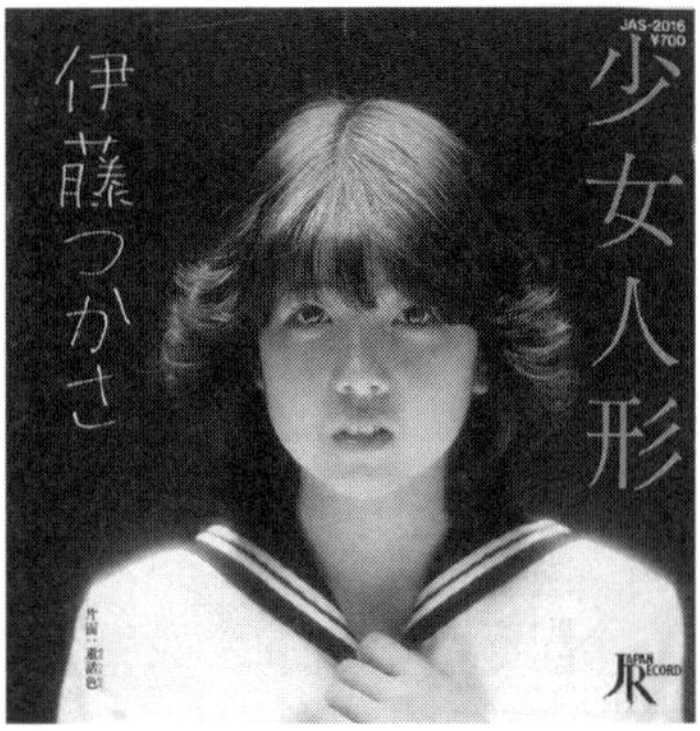

伊藤つかさ「少女人形」(ジャパンレコード JAS-2016)
＊本書掲載のCD・レコードと書籍は著者、編集部手持ちのものです

こちらは3月まで半ズボンでランドセルを背負っていた身である。なのに4月に中学に入ったら、立派な口ひげを生やして腹巻をしているような方々が上級生だったのだから驚いた。1年後、この人たちの卒業式には警察も来ていた。顔に青タンをつくった先生もいて、お礼参りというものを目の当たりにしている。

僕自身は校内暴力には直接、関わっていないが、近いところにいたとはいえる。中学の友達にはやんちゃな人間も多かった。だが、僕はどちらかというと進学校といえる高校へ進んだ（そのため中学時代の悪友系友達には「センセイ」と呼ばれたりする）。高校にも中学時代の学生服を着ていくと、「お前、ズボンが太いから野球部に入れ」と3年生から勧誘されたことがあったくらいだ。いま考えれば、理屈がおかしい。ただ、この頃の野球部は不良の巣窟になりやすい一面もあったので、驚きはしなかった。こちらとしても「そうきたか」くらいにしか思わず、「いや、いいです」と断わった。

仮にあの誘いに乗っていたとすれば、清原や桑田と対決していた可能性もなくはなかったことになる。もちろん、現実的にいえば、その可能性はゼロに近い。うちの高校は甲子園に行ってないし、練習試合の相手として指名されることも考えにくかったからだ（それ以前に僕がレギュラーになれなかっただろうという問題もある）。

金八先生の話だった。

3年B組にいた沖田浩之は昭和38年の早生まれなので、伊藤つかさよりは4学年上になる。ひかる一平が39年生まれで、川上麻衣子は41年の早生まれだ。

伊藤つかさは女子生徒のなかでは最年少だったので、沖田からは「お前はいつもミルクくさいよ」と言われていたらしい。

ひかる一平からは「グンゼのパンツをはいてるんだろ」とからかわれていたそうだ。

第2シリーズが始まると、すぐに沖田が人気になった。そのため伊藤つかさは、見知らぬ女の子たちから、「ヒロくんにプレゼントを渡して」と頼まれることもあったらしい。川上麻衣子にいたっては、沖田ファンからカミソリが送られてきたこともあったという。

だが、そんな3年B組の中にあっても伊藤つかさの人気はぐんぐん上昇していった。

当時は歩いて中学に通っていたので、朝には家の前に人だかりができていて、そのまま学校までゾロゾロとついてこられていたそうである。ファンが家のゴミを持っていくこともあったというから、思春期の女の子としては油断がならない。

中3で人気のピークに達していながら、普通の高校を選んで進学した。すると、休み時間になるたび、廊下には人だかりができたという。それもまあ仕方がないとはいえるだろう。

歌手デビューを果たした際にも伝説をつくっている。

本人はもともとアイドル歌手になるのは嫌がっていたそうだが、「少女人形」を作曲した南こうせつからは「こんなヘタクソははじめてだ！」と言われてしまったのだ。

さらに有名なのが、当時14歳だったため、**労働基準法の関係**で生放送のベストテン番組には出られなかったことだ。

本人の告白によれば、あがり症でもあり、人前で歌うのは避けたかったことから労働基準法を理由にして断わるのはどうかと自分で思いついたのだという。そのことがこの後のアイドルたちの歌番組出演に影響を及ぼすことになったのではないかとも気にしている。だが、それに関していえば、彼女が責任を感じる必要はないだろう。法律は法律だ。あの時代ならともかく、少し時代が進めば、さすがに誤魔化すことはできなかったはずだ。

その後も伊藤つかさは、歌手活動やドラマ出演は続けていたが、本人があまり積極的じゃなかったからか、もうひとつ代表作にはめぐまれなかった印象がある。

2002年になると、ヘアヌード写真集を出して、世間を驚かせた。

なにせ伊藤つかさだ。35歳の熟女ヌードに対する反応はさまざまだった。少女人形当時を知る男性ならば、「見たい」という気持ちはあっても、複雑な面もある。

意識的に見ないようにしていたファンがいてもおかしくはなかったし、いたはずだ。

この当時、本人は「世間のイメージを崩したかった」という発言もしていたが、イメージを守り続けてほしかったというファン心理もあるわけだ。

彼女が脱ぐことはあまりに意外だったためか、「無理やり撮られたのなら弁護士を紹介します」と言ってきた人までいたそうだ。

彼女を脱がせる行為は犯罪に近い。

そんなふうにも見られていたわけだ。

僕たちが年を取れば、彼女も同じだけ年を取る。

当り前のことにもかかわらず、そんな写真集を見てしまえば、「あの子もオトナになったんだなァ」としみじみしてしまう。

永遠の少女人形でいてほしかったような人である。

高部知子と「ニャンニャン事件」

昭和51年（76）に始まった『**欽ちゃんのどこまでやるの！**』の人気は高く、僕も好きな番組だった（前章で触れた真屋順子がお母さん役だ）。

赤ちゃん時代は「人形」だった見栄晴と三つ子が、「子役」を経て、見栄晴＝藤本正則、のぞみ＝高部知子、かなえ＝倉沢淳美、たまえ＝高橋真美になったのが昭和57年（82）9月のことだ。

三つ子の女の子は「**わらべ**」というユニットを組むことになる。

この3人は全員、昭和42年生まれだ。

わらべ「めだかの兄妹」（フォーライフレコード 7k-85）

「**めだかの兄妹**」が出されたのが昭和57年の12月で、3人とも15歳になっていた。僕もそうで、中学3年生。伊藤つかさが早生まれの1学年上だったことを考えれば、**この3人が〝最初に大ブレイクした同級生アイドル〟**だったことになる。

「めだかの兄妹」はとにかくヒットした。童謡と歌謡曲では税金の扱いが異なるために物議をかもしたくらいだった（童謡であれば、当時あった物品税の対象にならなかった）。

わらべのなかでいろんな意味でインパクトが強かったのが**高部知子**だ。

昭和42年8月25日生まれ。『欽どこ』以前に彼女は12歳で女優としてデビューしていたが、「めだかの兄妹」のヒット後には、**ドラマ『積木くずし～親と子の200日戦争～』で主演**している。

『積木くずし』は、不良少女と両親の葛藤を描いた作品で、俳優の穂積隆信が自らの家のことを描いた体験記が原作になっていた。昭和58年（83）の2月から3月にかけて放送されたが、その最終回の視聴率は関東地区で45％に達したというから驚異的だ。

「積木くずし」という言葉は流行語にもなっている。この時代はとにかく「校内暴力」、「家庭内暴力」が社会問題になっていて、多くのドラマや映画がテーマにしていた。

不良を題材にしたエンターテインメントも多かった。

横浜銀蝿の「ツッパリ High School Rock'n Roll（登校編）」が出たのが昭和56年（81）1月なので、ちょうど校内暴力ド真ん中の中学時代にあたる。とにかくみんなが聞いていた。

きうちかずひろの『ビー・バップ・ハイスクール』の連載が始まったのが『積木くずし』と同じ昭和58年で、映画第一作が公開されたのがその2年後だった。ヒロシは清水宏次朗（昭和39年生まれ）、トオルは仲村トオル（昭和40年生まれ）、今日子は中山美穂（昭和45年3月生まれ）だ。このシリーズは、不良たちに限らず、当時の若者たちにとってのバイブル的作品になっている。

そんな時代にあって高部知子は、わらべ（童女）と積木くずし（不良）という両極において社会現象を起こしていたわけである。

それに加えて、さらに大きな社会的事件を起こしてしまう。

いわゆる「**ニャンニャン事件**」だ。

裸だと思われる彼女がベッドの上で布団にくるまり、煙草をくわえている写真が『FOCUS』されたのだ。それが昭和58年の6月なので、8月生まれの高部知子は16歳になる直前の15歳、高1だった。そのため未成年の高校生でありながら不純異性交遊と喫煙の疑惑が浮上したのだ。

2014年になって萩本欽一は『アサヒ芸能』の連載記事でこのときのことを振り返っている。

欽ちゃんは『FOCUS』の発売直前に番組プロデューサーから「まずい写真が出てしまう」と

伝えられ、高部知子に雑誌が出たあとの対処の仕方などを注意していたそうだ（欽ちゃんはその記事の中でも高部知子のことはずっと「のぞみ」と書いている）。

ただ、欽ちゃん自身、どんな写真なのかは想像もつかずにいたので、問題の写真を見たときには「ひっくり返っちゃいました！」という。

当然だろう。なにせあの写真だ。

それでも欽ちゃんはそれを〝大人たちの都合で女優にされた女の子が18歳の少年に恋をして撮った記念写真〟と受け止めた。

まともな記念写真ではないにしても、彼女が芸能界の人間でなかったら「新聞の片隅にも載らなかった出来事」だったと考えることにしたのだ。

その見方は欽ちゃんらしく、あくまでやさしい。

いまでいうリベンジポルノの問題は、そもそも「なんでそんな写真を撮らせるのか？」というところに疑問が持たれるが、それだけ相手を信頼している、ということではある。盗撮されたものでないなら、たしかに感覚は記念写真に近いのだろう。問題のニャンニャン写真にしても、いまあらためて見てみれば、やや照れながらも安心しきっている表情なのがわかる。

欽ちゃんは、この事件以前から高部知子に対してはある種の「危なさ」を感じていたのだともいう。『欽どこ』の撮影にも、しゃがんだだけで下着が見えそうなミニスカートをはいてきたりしていたそうだ。それで欽ちゃんが「気をつけろ」と言ったこともあったのに、「え？　なんで？」と返されたそうだ。要するに彼女には、自分で気づいてもいないガードのあまさがあったということだ。

「我々大人には、彼女を立ち直らせる義務があります」

そう考えた欽ちゃんは、時期を見て番組に復帰させることを予定していたが……、そこでさらなる悲劇が起きてしまう。

この写真を撮影した元交際相手が自殺してしまったのだ。

これにより高部知子の完全降板が決まり、表舞台から姿を消すことになった。

結局のところはオトナとメディアしか責められない、救いがない事件である。


その後に高部知子が歩んだ道のりも平坦なものではなかった。

停学処分を受けていた高校は、処分が解けたあとに卒業して芸能界にも復帰したが、結婚を機に引退……。出産や離婚、芸能界への再復帰など、いろいろありながら、慶応大学の通信教育課程や東京福祉大学の精神保健福祉士養成コースを出て精神保健福祉士の資格を取得した。

さらに浄土宗のお寺に入門して、浄土宗教師も拝命している。

ひと言でいえば、**彼女は懸命に生きている**、ということだ。

平坦とは程遠い道を歩んでいる。

中3でOLに！「よせなベトリオ」になった松居直美

わらべの〝かなえ〟**倉沢淳美**（昭和42年4月20日生まれ）は、ソロデビューもしている。サイン会で男に切りつけられる事件などもあったが（現代のグループ系アイドルの握手会ならともかく、この時代にこうした事件が起きるのはかなり珍しいことだったように思う）、短大を出て国際結婚するなどしてセミリタイアしたようになっている。

〝たまえ〟**高橋真美**（昭和42年9月20日生まれ）もやはり短大を出て、その後も地道にタレント活動を続けている。減量に成功してダイエット本も出しているが、そうなるとちょっと、たまえのイメージとは違ってくるので寂しくはある。

〝欽ちゃん系〟でいえば、『欽ドン！』生まれの「イモ欽トリオ」が「めだかの兄妹」より1年早く「ハイスクールララバイ」を大ヒットさせていた。

〝フツオ〟長江健次は昭和39年生まれ。〝ワルオ〟西山浩司は昭和36年生まれで、〝ヨシオ〟山口良一は昭和30年生まれと、かなり年のいった子供たちだった。

『欽ドン！』にはOL3人組もいては「よせなベトリオ」というユニットを組んでいた。

悪いOLの小柳みゆき（のちに小柳友貴美に改名）が昭和33年生まれで、良いOLの生田悦子は昭和22年生まれなので、イモ欽の上をいく年齢層だ。そこに入って普通のＯＬをやっていた**松居直美**が昭和43年1月14日生まれで、我々の同級生になる。

中学2年のとき、モノマネ番組に出たのをきっかけに芸能界に入った。芸人なのか、歌手なのか、微妙な立ち位置だったといえなくもないが、昭和57年（82）2月には「**電話のむこうに故郷が**」という曲でソロデビュー。その後の8月には、**よせなベトリオで「大きな恋の物語」**を出している。

インパクトはそれほどではなかったにしても、松居直美が世に出てきたのは、伊藤つかさに次ぐ早さであり、わらべより先だったわけである。

〝ドジでノロマな亀〟だった堀ちえみ

デビュー時の松居直美は「アイドル演歌歌手」に分類されていたが、いわゆるアイドルとしては**堀ちえみ**が同じ昭和57年（82）にデビューしている。

この年にデビューしたアイドルは「花の82年組」と括られ、中森明菜、小泉今日子、早見優、石川秀美、松本伊代、三田寛子がいた。すごい顔ぶれだ。

堀ちえみは昭和42年2月15日生まれなので、伊藤つかさと同じ学年だが、ここに挙げた花の82年組のなかでは唯一人の昭和42年生まれだ。他の人たちはみんな、少しだけおねえさんになる。

堀ちえみの場合、ヒット曲というより、とにかく『**スチュワーデス物語**』の印象が強い。この放送が昭和58年（83）から始まっているので、本人は高2の年だ。

いまさら確認するまでもなく、「**ドジでノロマな亀**」が流行語となった。

堀ちえみはその後、『**スタア誕生**』などでも主役を務めているが、『スチュワーデス物語』と同じ路線といえば同じ路線だ。

「ドジでノロマな亀」は、堀ちえみの代名詞として永遠に外されないものになっている。

そのためもあり、彼女はどちらかというと「**垢抜けない感**」が強かったといえる。

僕の同級生には熱狂的な堀ちえみファンもいたけれど、特別な堀ちえみファンではない人間からは「アイドル当時はそれほどかわいくなかったけれど、30代、40代になってからキレイになった」といった類いの声も聞かれる。正直にいえば僕も、彼女のアイドル時代はイロモノ的に見ているところがあった。いまの彼女のほうが当時よりずっとキレイだと思っている。

昭和61年（86）には「拒食症報道」などもあったが（実際は急性胃炎だったようだ）、翌年、20歳になったときに引退している。

この引退宣言は、ファンでなければ覚えている人は少ないのではないだろうか。

2年後には復帰して芸能活動を再開している。

その後、3度結婚して7人の子を持つ母となり、2019年には口腔がんであることを公表したのはご存知のとおりだ。

この公表によりずいぶんメディアで顔を見る機会が増えた。病気と闘う姿からも、「強い人だな」

という印象が際立ち、あらためて美しくなったな、と思った。

人生の経験によってつくられる美しさだ。

彼女ががんを公表すると、〝**教官**〟**風間杜夫**は「**今は、貴女が人生の教官です**。病と闘って、必ず克服してほしい。強く負けないちえみちゃんを、僕に見せて欲しい」とメッセージを送った。また、日本航空の社員たちは7000羽の千羽鶴と寄せ書きを贈っている。

『スチュワーデス物語』が放送されてから35年以上が経っていても、あのときのドジでノロマな亀の〝頑張り〟はみんなが覚えているということだ。

角川映画のニューヒロイン、原田知世も82年デビュー

早生まれではない同級生で人気を博したのは原田知世、岡田有希子、南野陽子が早かった。

原田知世（昭和42年11月28日生まれ）をアイドルと括っていいかは微妙だが、昭和57年（82）に「角川映画大型新人募集」に応募して特別賞を受賞。その年のうちに**ドラマ版『セーラー服と機関銃』**と『**ねらわれた学園**』で主演をつとめた。

その意味でいえば82年組にも当たるが、角川春樹事務所の専属女優であったので、花の82年組と言われることはあまりない。歌はヒットさせていても「女優枠」と見られるからだ。

本人は以前から「角川のオーディションを受けたのは真田（広之）さんに会いたい一心からのこ

とだったので、芸能界に入ろうなんて全然思ってなかった」と話している。

この前年に公開された『魔界転生』を見てファンになっていたのだそうだ。２００３年にも再映画化された作品だが、81年版の『魔界転生』は僕も公開当時に劇場で見ている。天草四郎を演じた沢田研二と真田広之のキスシーンも話題になっていた。

14歳の原田知世の真田広之に対する憧れはかなりのものだったようだ。

オーディションに出るため、「親戚の不幸」というダメなサラリーマンのような嘘をついて学校を休んだらしい。最近はテレビで「真田さんがいなかったらデビューしていないし、東京にも出てきてない」とも発言している。

前夜祭で真田に会えた時点で「夢は達成された」と考えていたようなので、表舞台に立たないうちに身を引いてしまっていた可能性もなくはなかった。

そうならなかったのは幸いだった。

このオーディションでグランプリを取り、『伊賀忍法帖』でデビューしたのは渡辺典子だったが（彼女は昭和40年生まれ。高部知子の代役的に映画版『積木くずし』でも主役をつとめた）、角川春樹が原田知世に惚れ込んで、特別賞にしたのだ。

そして、一本だけでも映画に出させようと『**時をかける少女**』をつくることにして、その際に大林宣彦監督が彼女の才能に驚嘆したといわれる。

『時かけ』の公開が、昭和58年（83）7月16日。

天才女優、原田知世誕生の瞬間である。

この映画は、同名の主題歌とともに大ヒットして、人気は不動のものになった。個人的には薬師丸ひろ子派だったので、当時はそれほど関心がなかったが、いま見るとやはりカワイイ。

もうひとつの代表作、**『私をスキーに連れてって』**は、我々世代が20歳になった昭和62年（87）11月21日の公開だ。

清原和博が甲子園にデビューした夏に『時かけ』が公開され、日本シリーズで泣いたすぐあとに『私をスキーに連れてって』が公開されたことになる。同級生ならではの活躍時期の符合である。

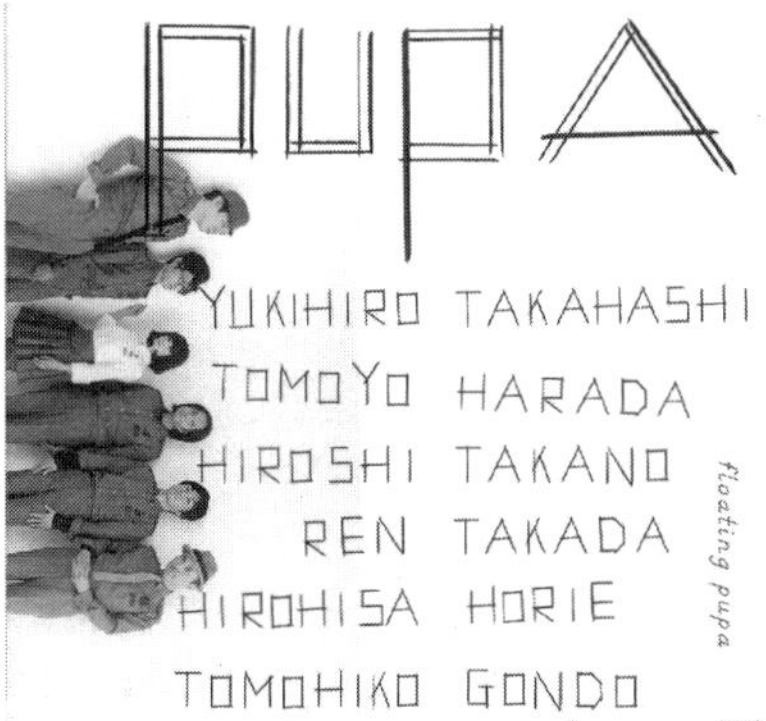

原田知世と髙橋幸宏らのバンドPUPAのアルバム『floating pupa』（EMIミュージック・ジャパン TOCT26573）

音楽面では「時かけ」や「**早春物語**」（昭和60年［85］公開、同名映画の主題歌）をヒットさせて紅白歌合戦に出ただけでなく、その後もアーティスト寄りの活動を続けている。

なにせムーンライダーズの鈴木慶一やスウェディッシュポップブームを先駆したトーレ・ヨハンソンにアルバムをプロデュースしてもらったり、元ＹＭＯの高橋幸宏とバンドを組んだりもしているのだ。２００７年に結成された**ＰＵＰＡ**（ピューパ）というバンドがそうで、不定期の活動をしている。いま、それらの作品を聞き直してみても、原田の歌声は癒し効果が高いと実感される。

2018年には朝ドラ『半分、青い。』に出演して、顔を見る機会が増えた。『半分、青い。』の和子《わこ》さんは、**『マグマ大使』のゴアや金八先生のモノマネを披露**したり、「この広い野原いっぱい」のピアノ弾き語りをするなど、はじけていた。時かけ時代にはファンとはいえなかった僕なども、遅まきながらファンになったくらいだ。

このときのモノマネは原口あきまさが指導している。原口はそのときのことを「お話を頂いた時は、正直ドッキリかと思いました」とインスタグラムに書いている。

「照れもなく素晴らしい完成度で、原田さんらしくかわいらしい仕上がり」、「こんな俺なんかのものまねレッスンを真剣に受け止めてくれていた姿、器のデカさは流石でした。ずっと指導していたいと思っちゃいました」ともある。

ゴアや金八先生は原口のネタでもないのに、このために学習して指導にあたったようだ。

ちなみにテレビ版『マグマ大使』は昭和41～42年（66～67）の初回放送なので、昭和50年生まれの原口は見たことがなかったかもしれない。

蛇足になるが、『半分、青い。』では、わこさんの子やその幼馴染であるヒロインが昭和46年生まれという設定だったのに、彼らはマグマ大使のことをよく知っていた。どうしてなのか⁉という声もあがりかけたが、それについてはヒロインの家が営んでいる食堂にコミックス（手塚治虫作）が置かれていたからだという説明がなされた。その食堂にはやはり『あしたのジョー』も置かれていたように名作は永遠なのである。

とにかくこのドラマのわこさんはハマリ役だった（付け加えれば、豊川悦司の秋風羽織もよかった）。僕などはわこさんが亡くなったあと、「わこさんロス」になりそうなほどだった。

この原田知世……、プライベートも含めていえば、つらいこともなかったわけはないだろうが、仕事などでは素敵な歩みをみせてくれている同級生の代表格といえる。

この原稿を書いている現在も**『あなたの番です』**というドラマに出演している。

放送開始前から2クール放送と決まっていた大作である。

ダブル主人公で、ドラマの中のパートナーは田中圭だ！

２０１８年放送の『おっさんずラブ』で人気に火がついたといえるが、田中圭は昭和59年生まれ。ドラマの設定では15歳差、リアルでは17歳差の「年の差婚」になる。

田中圭演じる夫の甘えん坊ぶりというかバカっぷりに手を焼いているようには見えたけれども、それも含めて絶妙なカップルである。〝逆・東京ラブストーリー〟とでもいえばいいのか、田中圭から「すっげえ気持ちいいセックスしよ」などとねだられたりもしている。

こんな〝夫〟を持った原田知世も楽しかったのではないだろうか。

永遠に忘れられることのないアイドル、岡田有希子

多くの人にとって忘れられない存在になっているのが岡田有希子だ。

昭和42年8月22日生まれ。

昭和58年（83）からタレント活動を始め、翌59年4月に16歳でアイドルになった。

その年、特大級のヒット曲はなかったにもかかわらず、レコード大賞最優秀新人賞など多くの賞を取っている。いくつかの賞は吉川晃司と分け合ったものの、菊池桃子や荻野目洋子、一世風靡セピアらがいた年だったのだから評価の高さがわかる。

岡田有希子「くちびる Network」（キャニオン 7A0548）

自身初で唯一のオリコン1位曲は、昭和61年（86）1月に出した「くちびるNetwork」だ。作詞が松田聖子（Seiko名義）、作曲が坂本龍一なのだから強力である。

岡田有希子に関しては、わかっている事実だけをまとめて、ゴシップ的な記事にはならないようにしたい……。

彼女はもともと芸能界への憧れを強く抱いていた少女だった。

中3の頃、周囲に芸能界入りを反対されているなかで、

アイドルになりたい希望を口にした。

そのため、母親からは「学内テストで学年1位になること」、「中部地区の統一模擬試験で5位以内に入ること」、「第一志望の向陽高校に合格すること」という3つの条件を出された。

ムチャなようにも思えるが、彼女はそれをクリアした。

デビュー間もない頃に受けていた『GORO』（1984年7月26日号）のインタビューでもこう話している。

「それまではね、クラスで5〜6番だったのかな。勉強はあまり好きじゃなかった。試験勉強するでしょ、すぐ眠くなっちゃうの。でも私もこうと決めたらぜったいにやり抜かないと気のすまない性格だから、すっごく頑張りました。ゼミの冬期講習に通ったり、夜中の2時〜3時まで勉強したり」

「そしたらね、できちゃったんですよね。学内で1番になったし、模擬試験でも中部地区で5番以内に入っちゃったんですよね」

よほどの頑張り屋なのだろう。そのままの調子で勉強を続けていたら、名古屋大学でも東京大学でも合格できたのではないかという気さえする。

そして『**スター誕生！**』決戦大会に出ると圧倒的な評価を受けることになり、芸能界入りを果たした。そのためにサンミュージックの社長宅に下宿して、堀越高校へ編入している。

その後、新人賞を総ナメにするような活躍をして「くちびるNetwork」を大ヒットさせたあとに……、事件が起きた。

昭和61年（86）4月8日。

突然の自殺だった。

ひとり暮らしを始めていた自宅マンションでリストカットをしてガス自殺を図ったときにはレスキュー隊に保護された。だが、病院で治療を受けたあとに事務所に戻ると、ひとりになったときに屋上に行き、飛び降り自殺をしてしまったのだ。

午後12時15分。

白昼のことだった。そのニュースには全国の人たちが言葉を失った。

報道も過熱化した。あまり詳しくは書きたくないが、彼女の最期が無残なものだったことは映像や写真でも報じられたし、その後には「後追い自殺」という社会現象も起きてしまった。

そのとき彼女は18歳。**アイドル歌手として過ごした時間は2年**だけだった。

そんな事実も含めて岡田有希子は伝説的な存在になっている。

自殺の理由については、当時からさまざまな報道がされていた。

遺書ともいえる便箋に、共演歴があったベテラン俳優の名前が書かれていたことから、その俳優に失恋したことが原因だというのが大方の見方になっていた。

ただし、当時の報道には憶測が多く、現在ではその俳優への気持ちは「プラトニックな憧れ」だったのではないかと見られるようになっている。彼女の母親ものちに、その俳優の名前が取り沙汰されるようになってしまったことについて「お詫びのしようがない」と話しているほどだ。

最初の自殺未遂はプラトニックな思いがかなわないという気持ちからのものだったとしても、飛び降りについては衝動的な部分もあったのではないかという気がしないでもない。まじめな性格だからこそ、自殺未遂事件を起こしてしまったことを悔やみ、心の中でパニックを起こしてしまったのではないかということだ。

当時の事務所専務（のちに名誉顧問になった福田時雄氏）が彼女の生き方を振り返って、こんなことを話している。

「不思議な子でね、新宿音楽祭など金賞が2組ある賞を取るとニコニコしていたのに、1組しかもらえない賞だともらっても浮かない顔をした。どうしたんだと尋ねると、私がもらったら他の歌手のファンに悪いなんて言ってました」（『週刊朝日』２０１６年8月19日号より）

それくらい人に気づかいをするやさしい子だったということだ。

前出の『ＧＯＲＯ』で岡田有希子はこうも話していた。

「恋愛って、経験がないんですよね。まだ初恋も経験してないみたい」

「（好きな人ができても）見ているだけでいい。それ以上深くならないように自分で自分を抑えているのかもしれませんね」

「でも、マジメな話、24歳までに結婚したいんです。いままで全然、経験がないからひとりの人を好きになったらワァーッと走っちゃうかもしれないですね」

本気で人を好きになることの怖さを自覚していたのかもしれない。

いずれにしても、芸能界には向かないのではないかと思えるほど生きるのに不器用で、まっすぐな性格だったのではないだろうか。

33回忌にあたった2018年にもテレビや雑誌ではその歩みと死の真相が振り返られていた。命日になれば、いまも墓参りに行く人たちがいる。

これからもなお、彼女は人々の記憶の中で生きていくはずだ。

岡田有希子とはそういう人だ。

18歳でスケバン刑事になった南野陽子

堀越高校での岡田有希子の同級生に**南野陽子**がいる。

昭和42年6月23日生まれ。彼女は昭和59年(84)からタレント活動を始め、翌60年6月、18歳の誕生日にアイドル歌手としてデビューしている。ちょうど1年ずつ岡田有希子に遅れていたわけだ。

南野陽子といえば、スケバン刑事である。

昭和60年11月に始まった『**スケバン刑事Ⅱ　少女鉄仮面伝説**』の印象がとにかく強い。

初代・麻宮サキは斉藤由貴（昭和41年生まれ）で、南野陽子は2代目になる。ともにヨーヨーを投げ、初代は「鷹ノ羽学園2年B組麻宮サキ。またの名はスケバン刑事！　スケバンまで張ったこの麻宮サキが、なんの因果か落ちぶれて、今じゃマッポの手先……」と啖呵を切った。2代目になると、「**鉄仮面に顔を奪われ、十と七年《とせ》……、おまんら、許さんぜよ！**」と、決めセリフが変わった。

『スケバン刑事Ⅱ』が始まったのは高3の頃なので、毎回見ていたわけではないけれど、南野陽子の顔立ちは好みだった（個人的には「薬師丸ひろ子系」と分類している）。

参考のために書いておけば、**コカ・コーラヨーヨー**が登場したのは昭和51年（76）のこと。当時は「ブランコ」や「犬の散歩」といった技ができるようになりたいと励んだものだし、２００５年に復刻版が出たときもつい買ってしまった。

87 年発売の南野陽子「楽園の Door」（CBS/SONY 10SH1864）

それはともかく、『スケバン刑事』は映画化もされ（さすがに見に行ってない）、その主題歌の「**楽園のＤｏｏｒ**」から南野陽子はオリコン1位曲を連発している。

年齢的にいえば遅咲きのアイドルといえる。

そのためか、アイドルデビューした年に受けたインタビューでは次のように答えていた。

「歌手としてスカウトされたんだけど、**水泳大会や運動会には出たくなかったんです。**女優さんがいいなって」

「水着になったのは一回だけなんですよ。絶対イヤだったけど……」（『オリコン・ウィークリー』1985年12月23日号より）。

ただし、『スケバン刑事』が、彼女がやりたかった女優業のイメージにぴたりとフィットしていたのかといえば、そうとはいいづらい。

そもそも彼女はかなり運動神経がないタイプだったようだ。

『スケバン刑事』の話がきたときにしても……。

「私は動けませんよ」と自己申告していたにもかかわらず、「いいから、いいから」と撮影が始まり、「なんだ、本当に何もできないじゃないか！」となったそうなのだ。

同時期のインタビューでは次のような発言も見られる。

「23歳になったら結婚するの」

「電撃結婚かなんかで週刊誌にドーンと書かれて思いきり騒がれたい。それが夢」（『スコラ』1985年11月28日号より）

岡田有希子は「24歳までに結婚したい」と話していたわけだが、あの時代の感覚として結婚適齢期はおよそそんなものだったのかもしれない。

トップアイドルだった南野陽子は１９９２年から本格的に女優業に専念している。その年にヒロインを務めたのが**『寒椿』**だ。５月公開なので彼女は24歳だったことになる。この映画で彼女が濡れ場を演じて、ヌードを披露したのも話題になった。

当時、「微乳」だったと言われ、本人は「不幸な役どころなので、そのほうが役に合ったはかなげな感じが出ていいと思う」というように答えていたはずだ。我ながらこんなことはよく覚えているな、と感心する……。

『寒椿』を見るために映画館には行かなかったが、週刊誌か何かでその「はかなげな胸」を見せてもらったと記憶している。

どうでもいい話をしておけば、当時の僕は社会人２年目で、すでに最初の転職をしていた。２番目の会社に転職してすぐの頃、誰かが買ってきた**宮沢りえの『Ｓａｎｔａ　Ｆｅ』**（91年11月発売）を会社の先輩たちが順番に家に持ち帰っていた。その場で見れば済むはずなのに、それぞれ家に持ち帰っていたというのはオトナの事情というかオトコの事情なのだろう。貸すほうも貸すほうだ。まあ、そんな事情はここでは関係ないが、**南野陽子が24歳で映画のために脱いだのと、宮沢りえが18歳で写真集のために脱いだのがおよそ同じ頃だった**というわけだ。

水着にもなりたくなかったという南野陽子が女優として脱いだのは、彼女自身が選択したことだったはずだ。この年、日本アカデミー賞主演女優賞を取っているし、よかったのだとは思う。

２０１８年の大河ドラマ『**西郷どん**』では、降板した斉藤由貴の代役として南野陽子が幾島役を務めることになり、「スケバン刑事リレー」だとも話題になった。このときの南野陽子は幾島役をうまくこなしていた。10年前の大河ドラマ『篤姫』では松坂慶子が演じていた難しい役どころだ。

南野陽子は23歳ではなく43歳で結婚。

２０１９年には夫に関する金銭トラブルの報道もあったが、そういう話は週刊誌に任せておけばいい。ただ、ひとついえるのは……。不幸な役を演じることはあっても、私生活では不幸になってほしくないということ。南野陽子はそういう人だ。

豪華すぎる顔ぶれだった堀越高校の同級生グループと85年組

堀越高校の同級生グループには**本田美奈子**もいた。昭和42年7月31日生まれ。

岡田有希子と南野陽子、本田美奈子は、同じ高校で同じクラスという正真正銘の同級生だった。ゴシップ的な話の極みになるが、このことについては、長きにわたってさまざまな報道がされている。**この堀越高校３年Ｄ組**には他に高部知子、倉沢淳美、いしのようこ（石野陽子）、長山洋子、宮崎萬純（宮崎ますみ）、永瀬正敏らもいたのだ。

永瀬正敏は昭和41年生まれで年齢的な同級生ではないが、**いしのようこ、長山洋子、宮崎萬純**の３人は昭和43年の早生まれ同級生だ。

こんな顔ぶれがクラスに揃っていていいものなのか⁉というのがまず驚きである。そのなかでもやはり岡田有希子と本田美奈子が同じクラスにいたということが取り沙汰されやすい。

そのうえこのクラスには、もうひとり白血病で亡くなった元アイドル歌手と、自殺してしまった元女優までがいた。要するにひとつのクラスで2人が自殺で命を絶ち、2人が白血病で亡くなっているということだ（確認しておくまでもないだろうが、本田美奈子も白血病で亡くなっている）。同じ状況をドラマや小説にしたとしても現実味がないと言われそうなほど考えにくいことなので、「3年D組の怪」などといった記事が出されている……。

ここでそういう事実を紹介している限り、そんな報道を批判することはできないが、こうした括られ方をすれば、誰もいい気はしない。亡くなった人も、残された人もだ。

とはいえ、確率的にも考えにくい現象であるのは確かだ。

ただ、そこにあったのは不幸の密度の高さではなく、才能の密集だったのだと受け止めたい。才能＝タレント。ある意味、特別な人たちである。

本田美奈子は、**「少女隊」になる可能性**もありながら（そのメンバーを探していた事務所にスカウトされたのが芸能界入りの直接的なきっかけになっている）、昭和60年（85）4月に「**殺意のバカンス**」でデビューした。

ちょうど南野陽子と同じ時期だが、この年には他にも、前出のいしのようこ（昭和43年2月20日生まれ）や中山美穂、浅香唯、芳本美代子、大西結花、森口博子、松本典子、そして、おニャン子クラブらがデビューしている。

花の82年組にも負けないアイドルの当たり年で「**85年組**」として括られる。いしのようこは**石野真子の妹**なので、デビュー時から注目されていた。デビュー曲は「**テディーボーイ・ブルース**」。

85年組でいえば、**松本典子**が昭和43年1月30日生まれで、同級生になる。

松本典子は途中からバラエティ番組の出演が増えていったが、デビュー時は本格派のアイドルといわれていた人だ。元ヤクルトの笘篠賢治と結婚している。

本田美奈子は最後まで前向きに生きた

本田美奈子に話を戻す。

彼女の代名詞的ヒット曲が「**1986年のマリリン**」。1986年＝昭和61年2月に出されているので、彼女や僕たち同級生が高校を卒業する直前だ。

この時期の彼女は、**ゲイリー・ムーアや、クイーンのブライアン・メイから曲をもらったり**もしていた。ゲイリー・ムーアは僕たちの高校時代に日本でもブレイクしたギタリストだ。羽生結弦がショートプログラムで使っていたことでも知られる「パリの散歩道」も彼の曲。僕たちの高校時代は早弾きを武器にしたハードロックの印象が強かったが、そのルーツはブルースにある。2011年に心臓発作で亡くなった。

最近知ったことだが、ブライアン・メイは本田美奈子のことを「かわいくて歌がうまい」と気に入り、「ベイビー」と呼んでかわいがっていたそうだ。**ブライアン・メイが作曲した「GOLDEN DAYS」の日本語詩は秋元康**が書いている。いまから振り返れば、奇跡的なコラボだ！ この曲を本田美奈子が歌う姿はインターネットなどで見ることができる。美しいバラードだ。

本田美奈子「1986年のマリリン」（東芝EMI WTP-17820）

「1986年のマリリン」のヒットの4年後になる1990年に本田美奈子は**『ミス・サイゴン』**のオーディションを受けてキム役となり、ミュージカルの世界で活躍していく。

ミュージカルに懸ける気持ちが本気だったことは多くの人が証言している。

僕が取材したことがあるイジリー岡田さんは、当時、雑誌の連載記事で彼女に会い、そのオーラに圧倒されたと話していた。記事では「美奈子ちゃん」と呼んでいたようになっていても、実際は「本田さん」と呼んでいたそうだ。エッチな質問が求められるような連載だったのに、その手の質問はほとんどできなかったともいう。それくらいのオーラを放っていたということだ。

「『ミス・サイゴン』に恋している」

このとき本田美奈子はそう話していたそうだ。

この後に彼女はクラシックの曲を歌ったアルバムも出している。多才だったのがわかる。

2004年には字画を考えて、名前の最後にドットを付ける「本田美奈子.」と改名したが……。

2005年1月に白血病と診断され、その年の11月6日に帰らぬ人になっている。38歳だった。


入院中の様子もいろいろと伝えられている。

白血病と告知されても、できるだけ気丈にふるまっていたこと。

クスリの副作用で髪が抜ける前にショートカットにしたこと。

病室からはよく発声練習の声が聞こえてきていたということ。

一時帰宅した際には体力を戻そうとダンベルを使ったストレッチをしていたこと。

インタビューに答えて「明日を考えずに、今、完全燃焼するのが大切だと思っている」、「**死ぬまで歌っていたい**」と答えていたこと……など。

とにかく前向きに生きようとしていたのがわかる。

彼女のお母さんの話によれば、11月3日には「また、みんなで鍋を食べようね。わたしが水餃子をつくるから」と話していたそうだ。

その後に意識が薄れていき、3日後に息を引き取ってしまう……。

短い人生の中でも彼女が伝えてくれたものや残してくれたものは多い。

そのすべてがきらめいている。

同級生のなかでも自慢の一人だ。

忘れられない人だし、忘れてはならない。

「おニャン子クラブ」の顔的存在だった新田恵利

『夕やけニャンニャン』が始まったのは昭和60年（85）4月1日。昭和42年生まれの同級生なら高3になるのと同時のタイミングだった（地方によって放送開始時期は異なる）。

7月に「**セーラー服を脱がさないで**」を出して一気にブレイクした。

我々世代のおニャン子とのつき合い方はいろいろなはずだ。

『夕やけニャンニャン』は夕方5時からの放送だった。その時間までに高校生が帰宅できるかといえば、微妙な話だ。

僕の場合は電車通学でもあり、難しかった。

地域的な問題にもなるが、**その時間の裏番組として松田優作の『探偵物語』が再放送**されていた時期もあった（初回放送は昭和54～55年［79～80］）。その際には迷わず『探偵物語』を選んでいた。

我々世代にとっての『探偵物語』は、少し上の世代にとっての『傷だらけの天使』のようなもので、忘れられないドラマのトップに挙げられる（『傷だらけの天使』も初回放送と再放送を見ているが、初回放送ではまだその魅力がわからない部分もあった。対して『探偵物語』は初回放送からワクワクしながら見ていて、再放送があるたび見ないではいられない番組だった）。

ただし、そうはいっても、**大抵の高校生にはお気に入りのおニャン子くらいはいた**ものであり、僕にとっては会員番号16の高井麻巳子がそうだった。

高井麻巳子は昭和41年生まれでひとつ年上になるが、僕とは同郷（福井県出身）になる。本屋で立ち読みをしていたときに「オレさあ、高井麻巳子とクラスが一緒だったんだよお」などという話し声が聞こえてきたこともあった。直接会ったことがないにもかかわらず、人生の中で「もっとも身近に感じられたアイドル」である。その感覚の中には少しだけ、何かの間違いがあればお付き合いできたりするかも……といった期待というか希望のようなものがあったといえる。それだけに、彼女と結婚した秋元康はうらやましいというか、見る目があるな、と思ったものだ。

おニャン子はそういう感覚を持ちやすいアイドルだったといえる。

おそらく僕に限った話ではない。

少しあとになると、知り合いから「国生さゆりの電話番号を10万円で売ってやる」と言われたことがあった。国生さゆり自身はあずかり知らない話だと思うので名前を出したが、それだけおニャン子は「身近度」が高かったということだ。

国生さゆりもかなりの人気で、高井麻巳子と同じ昭和41年生まれだ。

おニャン子クラブでは、会員番号1番から3番（他に7番と10番）が喫煙問題で1カ月もたずに脱退することになり、リーダー的な存在になったのが会員番号4番の**新田恵利**だ。

彼女は昭和43年3月17日生まれなので、早生まれの同級生である。

とにかくその人気は高かった！　翌年1月1日にはソロで「**冬のオペラグラス**」を出して、30万枚以上のヒットを記録している。

彼女の場合もやはり、クラスにいれば必ず人気者になっているような存在で、シロウトっぽさがウケたのだとは思う。

新田恵利「冬のオペラグラス」（キャニオン 7A0545）

このシロウトっぽさは、つくられたものではなくリアルなものだ。

たとえばわりと最近、『週刊文春』のインタビュー（2017年5月4日・11日合併号）の中で、おニャン子クラブは「**実入りのいいバイトという感覚**」だったと話している。

おニャン子クラブに入る前には地元の不二家でバイトしていて、その**時給が380円**だったのに対して、『夕やけニャンニャン』の出演料は一回5000円だったそうなのだ。リアルな金額である。ちなみに書いておくと、僕が大学に入ったとき、家庭教師などを除けば、時給600円くらいからのスタートがバイトの相場だった。

新田恵利はすぐに芸能界には向いてないと自分で考えて、「番組を辞めたい」とスタッフに申し出ていたというのも有名な話だ。ただし、喫煙問題で主要メンバーが脱退していたこともあり、辞めにくかったようだ。ちなみにこの脱退者には昭和42年生まれ（早生まれなども含む）が多かったみたいだ。残念である。

『週刊文春』のインタビューで新田恵利は、「セーラー服を脱がさないで」を出したあとには周囲の目が180度変わってしまい、戸惑いも大きかったとして、次のように話していた。

「私はイヤでしたね、（いまでいう）センターに立つのが。**もし生まれ変われたとしても、アイドルにはなりたくない**」

「写真誌にも追いかけられたし、電車にも乗れなくなった。スポットライトを浴びる楽しさと引き換えに、**失うものも大きかった**ですからね」

そっくりさんAV女優が登場したのも、彼女が最初だったのではないかと思う。

一字違いの**新田恵美**。

プロフィールによれば、彼女も昭和42年生まれの同級生のようだ（本当かどうかはわからない）。最初は違う名前でアダルトビデオに出演していたのに、おそらくというか、ほぼ間違いなく意識的に改名している。もちろん本人の意思ではなく事務所やビデオメーカーの戦略だった可能性が高いが、写真集なども出していた。

この後には、たいして似ていない「そっくりさんAV女優」が何人か生まれているが、この新田恵美はけっこう似ていたと記憶している（ビデオは見てないが、週刊誌などで顔を見かけた）。

当時の新田恵利は、冗談めかして「菓子折り持って挨拶に来い！」などと口にしていたようだ。この年頃で、自分のそっくりさんがアダルトビデオに出ていて、ファンがそこに自分を重ねて見ていると思えば、嫌じゃなかったはずはない。というよりも、嫌でたまらなかったはずだ。

昭和61年（86）におニャン子クラブを卒業したあと、引退したようにもなっていた新田恵利は、少し間をあけてからなんとなく復帰。ドラマ出演も含めて、時おりメディアに登場するようになっている。

近年は母親の介護をしている様子や、自身が脳動脈瘤の手術をしたことなどがメディアを通して伝えられてきている。

他人事ではないというか、同級生アイドルだからこそ、我々の「現在」と重なる。

“遠距離惚れ”された設楽りさ子、破局騒動もあった相原勇

少し遅れて出てきた人たちもいる。

たとえば、三浦知良（カズ）夫人としても知られる**三浦りさ子**（当時、**設楽りさ子**）は昭和43年1月13日生まれの同級生だ。

大学に進んだあとの昭和61年（86）に沖縄キャンペーンガールとなりデビューしている。アイドル歌手ではなかったけれど、ドラマなどには出ていたモデル系タレントだ。

彼女のデビュー時期にブラジルで活躍していたカズは、週刊誌のグラビアで彼女の存在を知って、“遠距離惚れ”したそうだ。

ちょっとしたつながりがあったことから彼女の電話番号を入手したカズが、日本に戻った際、「キミに会わないとブラジルに帰れない」と強引な連絡をしてきたのが始まりだったらしい。三浦りさ子自身がテレビ番組のイニシャルトークでそういう話をしていた。

昭和最後の年であり平成最初の年になる1989年には2月から『**イカ天**』（『三宅裕司のいかすバンド天国』）が始まった。「平成名物ＴＶ」という枠をつくってのスタートだった。

平成への改元時にとにかく**自粛ムード**が強かった。昭和天皇が崩御されたのだからそれも当然だっ

たが、当日は通常番組やＣＭが中止になり、それから1週間ほどはバラエティ番組などもほとんど放送されなかった。そのやり方が極端すぎる部分もあったのか、テレビ局には苦情も寄せられ、ビデオ店が繁盛していたのが現実だった。

そんなあとに生まれた『イカ天』で**相原勇**は元気印になっていた。

昭和42年4月1日生まれ。桑田真澄とは逆のケースで、早生まれのラストボーンとして1学年上になる。

彼女の経歴はちょっとややこしい。ホリプロのスカウトキャラバンに応募したり、おニャン子クラブのオーディションに受かったりしながら、昭和61年（86）に「別の名前」（本名）でアイドル歌手としてソロデビューしていた。19歳になる頃だ。

ところが、所属事務所が倒産するなど、その後に苦労を重ねた。

そんな中にあって、『イカ天』に抜擢されたのだ。『イカ天』を見ていた人間であれば、およそ彼女に対しては好感を持っていたはずだ。暗い影など見当たらない明るさが魅力だった。

その後の彼女は、デビュー前からの夢だった『**ピーター・パン**』もやっている。

96年には当時の横綱だった曙と交際していることが公になりながら、その後に突然の破局が伝えられた。当時はそれなりに騒がれたものだった。

２０１７年にはテレビ番組の企画で、曙と再会！

番組途中で曙が「ふざけんな！」と声を荒げる場面も見られたが、結局のところ、20年前の破局は意識のすれ違いだったのではないかという印象が持たれた。この放送の中で語られていたことから見る限り、どちらか一方に非がある破局だったとはいいにくい感じだ。

最終的には番組の中でも雪解けムードにはなったけれども、険悪な空気は彼女に似合わない。いろいろあったのは事実だとしても、いつも笑顔でいてほしい人である。

バブルの頃から懸命に生きてきた青田典子

青田典子は昭和42年10月7日生まれの同級生。デビューがいつだったのかは少々微妙だ。昭和61年（86）頃から本名などでモデルとして活動していて、深夜番組『**オールナイトフジ**』のシーエックスにも所属していた。

90年に青田典子という芸名になり、**C．C．ガールズのリーダー**になっている。オールナイトフジやC．C．ガールズといったキーワードはいかにもバブル的だ。

『オールナイトフジ』は昭和58年（83）の放送開始。うちの田舎では放送がなく、「深夜になにやらエッチな番組をやっているらしい」という噂を聞いていた。大学生になり東京に出てきてからようやく見られたが、その頃にはトーンダウンしていたのか、とくべつエッチな番組ではなく、がっかりした覚えがある。とんでもない番組といえば、91年に始まった『**ギルガメッシュないと**』のほうである。

C．C．ガールズは「エッチなおねえさんたちのグループ」といった印象だったが、そのリーダーの青田典子が同じ年だという意識は当時なかった。

高3のときに原宿でスカウトされたことが、青田典子が芸能界を意識するきっかけになっていたようだ。短大時代に家出して（出身は愛媛だが、高校からは東京で暮らすようになっていた）、借金して借りたアパートに暮らしながらのバイト生活を始めた。

その頃からグラビアやシーエックスでの活動を始めていたそうである。

C．C．ガールズは「すごい薄給（笑）」だったとも振り返っている。

92年には整形疑惑も出てきたが、本人が肯定することで「疑惑」ではなくしている。

『女性自身』（1992年11月17日号）の取材に対してこう答えているのだ。

「思い上がりでも、不遜でもなく、私は美しく変わることに、これからの自分の人生を賭けて、手術を受けたんです」

「恥じることではないと思います」

「売るために顔を変えてなぜ悪いの……」

男前な回答である。

本名時代のグラビアはいまもネットなどで見られる。それを見ると、たしかに顔はけっこう違う。

個人的には本名時代の顔のほうがかわいらしい感じで好きではある。おそらく整形によって、現在のバブルイメージな顔立ちになったのだろう。

この時代のバブル的なアイドルがいまなお芸能界で生きていられるのは、頭がいいからには違いない。生き抜こうとするハングリー精神も強いのだと思う。

2010年には昭和33年生まれの**玉置浩二と結婚！**　すぐに離婚するだろうという勝手な声も聞かれたが、現在も幸せそうだ。青田典子はかなりな倹約家なため、玉置浩二の金遣いをコントロールするのに苦心しているともいう。

「バブル青田」などと名乗っていても〝**懸命に生きてきた生活者**〟なのである。

みんながDAISUKI！　飯島直子

飯島直子は昭和43年2月29日生まれの同級生だ。その誕生日からいっても、昭和43年が「閏年」だったと証明する存在である。

昭和63年（88）に『**11PM**』**のカバーガール**としてデビューして、レースクイーンやキャンペーンガールをやりながら写真集などを出していたが……。なおちゃんといえば、なんといっても『**DAISUKI！**』だ（1991年から2000年までの放送）。

松本明子、**中山秀征**とのかけ合いが楽しく（松本明子はひとつ上だが、中山秀征は同級生）、毎週末の楽しみになっていた。

この頃からなおちゃんは、少し天然な感じもあり、誰からも愛されるようなタイプの存在だった。アイドルの本格的なファンになることは少なかった僕も、なおちゃんはかなり好きだった（松本明子も別の意味では好きだった）。

ドラマ出演が増えていくと、主演も果たすようになり、「**ナオラー**」と呼ばれる女性たちも現われている。そしてついには、いわゆる「月9」で主演もつとめた。そのドラマ、『**バスストップ**』が2000年の放送なので、当時、彼女は32歳。「好きだった」と書いておきながら『バスストップ』は見てないけれど（あまりドラマを見なくなっていた時期になる）、カバーガール出身の女性がこの年齢でブレイクしていたというのも人間的な魅力のためだといえる。

中山秀征が『女性自身』で連載記事を持っていた時期に、ゲストとして彼女が登場し、若い頃のことをいろいろと語っている（2016年3月15日号）。

その話によれば、彼女は高校に通いながら美容学校の通信教育を受けていたという。高校卒業後には美容室のインターンにもなったが、技術の面で自信をなくして辞めたそうだ。その後、喫茶店でバイトをしながらモデルクラブにも所属し、自分がやりたいことをみつけようとしていた。

その頃に願掛け的な意味で、お題目（南無妙法蓮華経）を唱えるようになったというのも意外な一面だ。お題目はいまも続けていて、寝る前には必ず手を合わせているそうだ。

いい意味で青田典子と重なるところもある**一生懸命な人**である。

結婚、離婚、再婚などもあり、最近は顔を見られる番組は減っているものの、変わらぬ笑顔を見れば、ほっとする。

いつか会いたいなあ、と思う。

たぶんこれからもそう思い続けることだろう。飯島直子はそういう人だ。

……こうして一人ひとり振り返ってみれば、亡くなった人も含めて自慢できる同級生ばかりだ。

順風満帆なばかりが存在価値ではない。

昭和42年の風景②
ウルトラマンが殺され、セブンがやってきた

昭和42年4月9日、ウルトラマンがゼットンに殺された。

『ウルトラマン』の最終話である「さらばウルトラマン」が放送されたのがこの日だったのだ。

ゾフィーが現われ、「命」をもらうことで蘇生はしたが、まさかの〝ヒーローの敗北＝死〟は、全国の少年少女を愕然とさせた。

といっても、この日の僕はまだ母親のおなかの中にいたので、リアルタイムでその瞬間には立ち会っていない。何歳で再放送を見たかは覚えていないが、初めてこのシーンを見たときはやはり大きなショックを受けたものだ。

甦ったウルトラマンが光の国へと帰っていった半年後の10月1日、ウルトラセブンが現われた。

そのときにはもう僕も生まれているが、覚えてはいない。『ウルトラセブン』はやはり再放送で見ることになった。ウルトラシリーズの中でも人気が高い作品だ。だが、実をいうと子供の頃の僕は、**『セブン』は怖い**、と思っていた。恐怖映画を見るのに近い怯えを持ちながら見ていた記憶がある。

どうしてかといえば〝リアリティ〟があったからだ。ウルトラマンが戦う相手は基本的に「怪獣」だったのに対して、セブンが戦う相手は基本的に「**侵略宇宙人**」だ。そのことが恐怖心をかき立てる根本にあった。

なにせ**矢追純一の時代**でもある。

昭和57年（82）公開の『E.T.』によって宇宙人は少しだけ親しみを持てる存在になったが、それま

での僕はＵＦＯや宇宙人を恐れていた。宇宙人にさらわれてＵＦＯに連れて行かれてしまえば、頭を開けられて脳をいじられるなど、何をされるかわからないというイメージがあったのだ。

そもそも『セブン』の第1話は、人間が次々に消えていく事件を描いていた。昆虫のような目で人間を観察していたのがクール星人だった。

誰もの心に焼き付いているのは**メトロン星人**だろう。アパートの一室であぐらをかいてダンを待ち、ちゃぶ台を挟んで話し合う……。いまでこそシュールすぎると笑い話にされるが、それだけ宇宙人が「日常」に入り込んでいた象徴だった。

メトロン星人は、幻覚剤を仕込んだタバコを人間に吸わせて、人間がどのようになっていくかを観察していたのだから、怖い作品だ。

別の回には、病院の安置室から盗まれた死体が動きだす話もあった。ひと言で痛快な特撮番組とは括れない「恐怖」が潜んでいるシリーズだったのだ。

こうした宇宙人に意味付けをしていたのが**金城哲夫や上原正三**という脚本家たちだ。個人的には上原正三さんのインタビューをしたこともある。そのとき上原さんは、**怪獣も宇宙人も「ある意味でのメッセンジャー」**なのだと話してくれた。

怪獣や宇宙人よりも人間が「罪」を背負っていることを、時に比喩的に、時にダイレクトに伝えられるのが『ウルトラマン』や『セブン』だった。なかでもセブンはその色合いが強かった。子供の頃には難しいことは考えていなかったが、オトナになって見直してみても、うならされる作品である。

ウルトラマンとセブン、怪獣と宇宙人たちは、僕たちの心に、オトナになっても消えない重いものを残していった。

そのリレーが行なわれたのが昭和42年だったのである。

第3章 昭和の終わりのアスリート

「新人類」の時代、そしてＫＫ対決は始まった

昭和61年（１９８６）にまで話を戻したい。

清原和博や桑田真澄がプロに入った年であり、昭和42年生まれでストレートに進学していれば高校を卒業して大学に入学するか就職した年になる。

昭和42年生まれの人間にとって、ティーンエイジがアイドルの時代であったなら、ここからしばらくは**アスリートの時代**になっていく。年齢を考えれば自然なことだ。

プロ野球の世界では、高卒ルーキーが初年度から活躍する例はそれほど多くない。

それでも清原は、開幕後まもなくスタメンに定着し、7月のオールスターにはファン投票1位で出場している。オールスター第2戦ではホームランを打ってＭＶＰを獲得したように、いきなり**「お祭り男」**の本領を発揮した。

清原はその後のプロ生活を通しても「オールスター男」、「日本シリーズ男」、「サヨナラ男」として記録と記憶の双方に残る活躍をしている（オールスターＭＶＰ7度獲得、通算サヨナラ本塁打12本、サヨナラ安打20本などはいずれも日本記録だ）。

とにかく大舞台や、ここぞという場面に強いわけだ。

初年度に残した成績（本塁打31本、打率3割4厘、打点78点）は高卒新人としては歴代最高記録であり、いかに高校時代から規格外のバッターだったかがわかる。高卒新人として評価するレベルを超えていて、どこのチームの4番バッターでも合格点以上が与えられるような数字だ。

一方の桑田は1年目は2勝に終わった。

6月に初勝利を挙げていたことからいっても、非難ではなく評価していいことだが、世間の目は桑田に冷たかった。清原と桑田、巨人と西武を比較して、すでに「勝ち負け」がついたように見る人が多かったのだ。ドラフトで巨人が〝何をしたか〟を持ちだして、アンチ巨人の野球ファンは溜飲を下げたものだ。

昭和61年のシーズンが終わると、清原はこの年の流行語大賞を取った「**新人類**」の代表として、表彰式に出ている。

印象として、新人類というと自分たちより少し上の世代を指す気がするが、この言葉は昭和54年（79）頃から使われだして、昭和60年（85）頃に広まっている。

定義は一定しておらず、1955〜65年頃に生まれた世代とも、1961〜70年頃に生まれた世代ともされている。前者のほうが個人的な印象には近いといえる。後者であれば、昭和42年生まれは新人類に分類される。清原が〝代表〟になっているくらいなのだから、まあ、そうなのだろう。

新人類代表として挙げられる人もまちまちだ。

泉麻人（昭和31年生まれ）、秋元康（昭和33年生まれ）、みうらじゅん（昭和33年生まれ）、中森明夫（昭和35年生まれ）といった文化人から始まり、石橋貴明（昭和36年生まれ）、戸川純（昭和36年生まれ）、北尾光司（昭和38年生まれ）、尾崎豊（昭和40年生まれ）、小泉今日子（昭和41年生まれ）といった名前が挙げられる。

定義としては「従来とは異なる価値観や感性を持つ世代」とか「大学紛争を知らない世代」、「社会を構成する一員としての自覚と責任を拒否した世代」、「オタク第一世代」などと勝手なことを言われている。それもどうだろうか。

個人的には「上の世代にはなかった発想ができる人間」、「試合などの緊張でガチガチになりそうな場面でも平然と活躍できる人間」といったイメージが強い。それゆえ世代というより個人の資質の問題ではないかとも思っている。

この2パターンでいえば、清原も含めて、ここに名前が挙がっている人たちが新人類と言われているのはなんとなく頷ける。

イメージ的にいえば、清原よりも桑田のほうが新人類に当てはめやすい面もある。世代論というのはおよそ「最近の若いヤツは……」というところから話が始まりやすい。その意味でいえば、目的のためには手段を選ばないのか⁉というふうに見えた桑田は、いかにもそう言われやすいタイプといえる。

生き方が不器用すぎる清原などは、新人類というより、むしろ昭和の匂いが強い。

ただし、公式戦初ホームランを打ったあとの清原は、チームが負けたのにひとりで喜んでいたため「天真爛漫すぎる！」と怒られたともいう。そういうところはやはり新人類にカテゴライズされるのかもしれない。

それはいいとしても、桑田としても当然、そのままでは終わらなかった。

プロ1年目は2勝だったのに、2年目には一気に15勝まで勝ち星を伸ばし、最優秀防御率（防御率2・17）のタイトルを獲得して**沢村賞**にも選ばれている。その時点で「**巨人のエース**」と見られるようになったのだ。まだ10代である。末恐ろしいといっていいレベルだ。

この年（昭和62年［87］）、巨人がセ・リーグを制すると、桑田は日本シリーズ第1戦の先発を任された。それもエースの証明だといえる。

だがしかし……。この日本シリーズ第1戦では一回に先頭打者・石毛宏典の打球を体に受けるアクシデントもあり、桑田は3回もたずに降板している。

日本シリーズはじめてのKK対決は、降板前に実現した。結果は清原のレフト前ヒットだった。

桑田は第5戦にも先発したが、一回に3点を取られて降板している。やはり初戦で打球を受けていた影響があったのかもしれない。エースの役割を果たすどころか、散々な結果だった。

そしてこの日本シリーズは、件の終幕を迎える。

二人にとっては長いプロ生活の始まりに過ぎないとはいえ、その第一幕は清原に軍配があがった。

レフト前ヒットでの勝利というよりも「涙」による勝利である。

バブルの申し子となった武田修宏

僕にとっての桑田は〝幻の同窓生〟だったわけだが、大学でフツーに同級生になった静岡出身の一般学生から「オレは武田修宏《のぶひろ》と高校の同級生だったんだ」と聞かされ、「へえ〜」と驚いた。

高校は名門の清水東だ。その友人もサッカー少年だったようだが、高校のサッカー部はレベルが高すぎるので、地域のクラブだか同好会だったかでサッカーをしていたと言っていた。要するに同級生であってもチームメイトではなかったわけだ。

しかしである。大学の仲間たちで草サッカーチームをつくったとき、その友人は「武田の同級生だった」という理由でセンターフォワードになっている。ちなみに書いておくと、ほぼ同じメンバーで草野球チームをつくったときは「俺は早実出身だから」という別の同級生がいて、それだけの理由で4番サードになった（たしかそいつはハンドボール部だったと思う）。

僕はまあ、「そこそこやれる」という自己申告によって、サッカーでは右ウイング、野球では2番セカンドと、馴染みのポジションをしっかり確保させてもらった。

まあ、僕のポジションなんてどうでもいいだろう。

武田修宏の話だ。

昭和42年5月10日生まれ。
昭和61年（86）に高校を卒業した段階で、武田の同級生というだけでセンターフォワードになれるほど、武田修宏という名前には価値があったということだ。

Jリーグが始まるのは93年なのでこの7年後になるが、武田は高校時代から有名だった。小学校時代から「天才サッカー少年」として目立ちだしていたようだ。高校では1年のときからセンターフォワードとして全国区の活躍をして、日本ユース代表にも選ばれている。競技が違うので単純比較はできないにしても、清原、桑田と近いレベルにある〝早熟の天才〟だったと見ていいはずだ。

『キャプテン翼』効果などで、サッカー人気も高まっていたとはいえ、まだJリーグもなく、日本代表のワールドカップ初出場も12年先の話になる。

この頃はまだ、多くの家では夜にはナイター（野球）を見るのが当たり前だったことを思えば、高校生・武田くんの知名度は規格外のものだったといえる。

高校を卒業した武田は、静岡のテレビ局関連会社に入社して読売クラブに入った。かたちとしてはサラリーマン兼出向プロ選手に近かった。当時のJSL（日本サッカーリーグ）の中にあっては別格的な扱いのスターになっている。

JSL時代、午前中はサラリーマン業務をしていたともいうから時代がしのばれる。

だが、Jリーグが発足すると、一転して「六本木の帝王」、「バブルの申し子」といえるような存在になっていく。

私生活の部分において、六本木では「**トシちゃん（田原俊彦）と夜のツートップ**」を組んでいたとか、ホテルオークラで1年暮らしていたとか、ハワイに行けば月に1000万円使っていたとか、さまざまな伝説を残している。

夜のホームグラウンドは、マハラジャやジュリアナ東京などだったようだ。

バブル景気は86年（昭和61年）から91年（平成3年）までといわれるけれども、Jリーグが始まった93年や94年頃まではまだまだ世の中は浮かれていたといっていい。

僕などはバブルが終わったとされる91年が社会人2年目にあたり、バブルの恩恵を受けた覚えはほとんどない。それでも、この後数年は、終電がなくなるまで新宿などで飲んでいれば、なかなかタクシーをつかまえられなかったりして苦労した（とくに年末はそうだった）。

武田が通っていたようにバブルを象徴する存在だった**麻布十番マハラジャ**は84年から97年の営業で、**芝浦のジュリアナ東京**は91年から94年の営業だ。どちらも行ったことはない。

サッカー選手としての武田はバブルと足並みを揃えるように活躍が目立たなくなってしまう。

代表に招集されたのは94年が最後なので、ワールドカップには出場できていない。武田の場合は生まれるのが少し早すぎたといえるかもしれない。

晩年はポジショニング勝負のごっつぁんゴーラーのように見られがちになっていたが（それもス

トライカーにとっては大事な資質だが）、全盛期の武田は海外で活躍しているいまの選手たちにも負けないようなテクニシャンだった。

高校時代には、武田が試合に出ると、女の子たちがグラウンドの周りに人垣をつくるので**「風がやむ」**とまで言われていた。

やはり我々の同級生であり「ワールドカップの顔」的存在になっていく**中山雅史**も、高校時代から活躍していた選手でありながら、**武田は「雲の上の存在」だった**と振り返っている。高校の静岡県選抜でも武田がいたため中山はストッパーになっていたくらいなので、その差は大きかったと想像される。ただし、僕の高校の同級生（リアル同級生）には、高校日本代表候補として彼らと一緒に合宿したことがある人間がいる。その男は、「武田も中山もレベルが違った」と言っていた。その二人のうちでもさらに武田はレベルが違ったということだろう。

そんな武田は自分でバブル時代の武勇伝などもよくテレビで振り返っていて、少年時代のことも何度か口にしている。

それによると、父親は母親に暴力をふるうことも多かったギャンブル好きで、家には借金取りが押しかけてくることも多かったという。借金をつくった理由は違っても、その点では坂上忍と共通するところがあったようだ。両親が共働きだったために寝たきりの祖母と二人きりになることもあり、自分でご飯を作ったりもしていたそうだ。

なかなかの苦労人であるようなのだ。

武田は「生活が変わったのはラモス（瑠偉）に会ってからだ」というような発言もしていた。その真偽はともかく、根がマジメな部分はあるのだろう。

最近はボートレースの番組で司会をつとめたりもしている。実をいうと僕もボートレース雑誌の仕事をしたりしているので、その姿は何度か見かけている。ボートレースを始めた頃は、ある意味、武田らしく、専門用語の使い方を間違ったりもしていたが、ボートレースという競技の性格を熱心に学ぼうとしている姿勢は見て取れた。

公営競技の世界はマスコミも含めてムラ社会に近いところがあるので、なかなか馴染みにくかったはずだが、選手、スタッフ、記者などにも、ずいぶん気づかいをしていた。

「生きる」ことの意味を知っていて、そのためにやれることの労を惜しまない。そういう人間なのだという印象を受けたものだ。

バブルの申し子だったことも含めて、**僕たちの生きた時代を振り返るためには欠かせないキャラクター**である。

いじめられっ子から脱却した大林素子

大林素子も活躍は早かった。

昭和42年6月15日生まれ。高校時代から日本代表に入り、高校生でワールドカップに出場している。**オリンピックは88年（昭和63）、92年、96年と3大会に出場**した。

個人的にサッカーのワールドカップはマラドーナが大会デビューした82年（昭和57）のスペイン大会からテレビ観戦を続けているが、82年大会のときなどは友達に「今日はうちに帰ってワールドカップを見るよ」と言っても「バレー？」と返されたものだった。サッカーはワールドカップが行なわれている時期でさえ一般には認知されていないマイナー競技だったということだ。少なくとも一部の田舎ではそうだった。ワールドカップといえばまずバレーボールが頭に浮かぶ時代だったのだ。

「東洋の魔女」の活躍（昭和36年〔61〕～昭和39年〔64〕）は生まれる前のことだが、『**アタックNo.1』人気**もあり（アニメの放送が昭和44年〔69〕～昭和46年〔71〕）、バレーは国民的スポーツだった。

高校時代でいえば、とにかく中田久美（昭和40年生まれ）の人気が高かった。アイドル的人気だ。友達とのあいだでは「オレは中田を応援するから、お前は大谷（佐和子）を頼む」とか「大林を頼む」とか話していた覚えがある。……大谷さん、大林さん、申し訳ありません！

いまだに伸びているといわれている身長は、大林にとって武器にもネタにもなっている。現役時代は1m82cmだったのに50歳頃に計ると1m84cmになっていたというからすごい。

ただし、背が高いということは本人にとっては幼稚園の頃からコンプレックスになっていたようだ。２０１７年に『スポーツニッポン』で連載していた「我が道」によると、幼稚園時代から背が高く、「ジャイアント・モトコ」というあだ名が付けられていたそうなのだ。

本人はそれがつらく、目立たなくしたかったためにヒザ歩きをすることもあったという。それにもかかわらず、卒園アルバムでは担任の先生から「（みんなから）ジャイアント・モトコお姉さんと親しまれていましたね」というコメントをもらったそうだ。

いまの世の中では考えられないというか……。いまそんな無神経なことを言ったり書いたりしたなら、徹底的に糾弾されてもおかしくないはずだ。だが当時は、よほどのことでもない限り、学校でも病院でも〝センセイの非〟を指摘しようとする発想は持たれなかった。

身長のためのいじめはその後もエスカレートしていったようだ。

連載記事「我が道」にはこうも書かれていた。

「今だからこそ言いますが、**その頃は本気で自殺しようと思っていました**。私の住んでいた団地は11階建てだったので、ここから飛び降りたら死ねるかなって。でも、ただ死んだのでは意味がないから、いじめた子たちのせいで私はこんなに嫌な思いをしましたということをちゃんと遺書に書いておかなくちゃと。結局は書いているうちにばからしくなってやめましたけど、当時はそのぐらい気持ちが不安定でした」

この頃は運動も苦手だったという。それでも彼女は、『アタック№１』（おそらく再放送）を見て、

「これだ！」と思うと、小学校4年からバレーを始めた。

そこからの躍進ぶりがすごかったわけだ。

21歳になったばかりで迎えた88年のソウルオリンピックでは「メダルの鍵を握る」という位置付けのエースアタッカーになっていた。

昭和42年生まれで、国の期待を背負うことになった最初のアスリートの一人だといえる。


少し先の話をすれば、自身2度目のオリンピックとなるバルセロナ大会は5位に終わった。その後、イタリアで開催された世界クラブ選手権に所属チームで出場すると、セリエAのローマにストレートで敗れた。

その経験もあり、国内でプロになる道を探ったが、チーム（会社）との行き違いが生まれて、理不尽なかたちで解雇されることになる。それだけではなく、24時間体制でマスコミに追い回されて、「女帝」、「金目当て」などと書かれる攻撃を受けてしまったのだ。

いわれなき非難だったといえる。

それでも大林は**日本人初のプロバレーボール選手**となって短期間ながらもセリエAでプレーするなど、女子バレーボール界の先駆者となっている。


現役引退後もしっかり居場所を確保した。

タレントとして活動するようになってからは、どういう位置取りをすれば〝需要があるか〟を自分で考えて、**「肉食系でも恋愛が成就しない、痛い独身女子」というキャラクターを演じる**ことを決めたのだそうだ。

引退が30歳になる年のことなので、まだまだ恋もしたい頃だったはずだ。その設定によって、それも難しくなった部分もあったかもしれない。バレー時代のファンからは「選手の頃は好きだったのに、いまはかわいそう」と心配されることもあったという。余計なお世話、ともいえる同情の目に耐えながら居場所を確保していたのだから、強い人だ。

ミュージカル志向、女優志向も強く、その道も着実に歩んでいる。

ただし、蜷川幸雄からはこう言われたことがあるそうだ。

「キミは大きいから普通の女優は無理だよ。日本一グロテスクな女優を目指せばいい」

巨匠にかけてもらった言葉だとはいえ、本人としては複雑だったのではないだろうか。グロテスクの頂点を目指すというのは、女性にとってはなかなかつらい。

〝桑田の穴〟を埋めてくれた清宮克幸と今泉清

桑田が大学の同窓生になってくれなかった一方で、リアルな同窓生となって（学部は違うし面識もない）、活躍してくれたのが**清宮克幸**（昭和42年7月17日生まれ）だ。

もしかしたら「誰？」と思う人もいるかもしれない。そういう人に対しては「清宮幸太郎のパパだよ！」と言っておきたい。

以前、ある出版社のベテラン編集者が吉本隆明関連の本を出そうとしたとき、営業の人間から「吉本隆明って誰ですか？」と聞かれて、なかばキレながら「よしもとばななのパパだよ！」と答えたことがあった。出版社に勤める人間が吉本隆明の名を知らないというのはたしかにどうかしている。まあ、それは別の話だが……。

清宮克幸は日本のラグビーを語る際には欠かせない一人だ。

高校日本代表ではキャプテンも務め、早稲田に入ると、同じ年齢でありながら1年遅れて早稲田に入学してきた今泉清や、今泉と同学年の堀越正己らと早稲田ラグビーの黄金期を築いてくれた。

この頃の早稲田は本当に強かった。

「**横の早稲田**」と呼ばれ、「ゆさぶり戦法」を駆使する展開ラグビーは見ていて楽しかった。清宮が2年のときには社会人チームの東芝府中を破って日本選手権でも優勝している。

卒業後の清宮はサントリーで活躍したあと、早稲田、サントリー、ヤマハ発動機ジュビロで監督を務めることになる。

その清宮の息子が、野球という別の世界で日本中に知らない者がいないほどの存在になっていくとは想像もしていなかった。

どうやら幸太郎くんの弟もやはり、野球の世界では「金の卵」と見られているらしい。清原和博の長男と同じチームに所属していたこともあるようだ。

清原はかなりの子供思いで、以前には自分の子供だけでなく他の子供たちのことも熱心に応援していたという。だとすれば、清宮の次男の存在にも気づいていたはずだ。子供同士のつながりが生まれるというのも同じ年の同級生ならではのことである。


清宮克幸がラグビーを始めたのは高校時代からのことであり、小学校では野球、中学ではサッカーをしていたという。

自著『「荒ぶる」復活』にはこう書かれている。

「生まれ育ったのが大阪の福島区、街に中央市場があって気性の荒い土地柄だから、べつに珍しくもない立派な『ゴンタクレ』に育った。

私が中学生のころは、あのテレビドラマ『積木くずし』の時代で、校内暴力や中学生の犯罪が社会問題となり始めたころだった。

中学生で番長と言われる存在であったことは事実だ。周囲の学校は随分と荒れていたし、隣接の中学校同士との喧嘩やいざこざは日常茶飯事だった」

さすがは同じ年の生まれというべきか、いろいろな部分で頷ける話だ。

岸和田出身の清原などは、中学時代にどこかで清宮とすれ違っていてもおかしくない。

だが清宮は、あるとき隣りの中学の番長たちと大喧嘩になったあと、担任の美人教師に怒られるのではなく「寒くなかった？」と心配されたことをきっかけに変わったのだという。

ソリコミもやめて、ガクランも短くしたそうだ。

そして別の先生からラグビーを勧められたことからラグビーを始めて、ラグビーの強豪校である茨田《まった》高校に進むことになったのだ。

そんな過程を経て高校日本代表に選ばれるほどの活躍をすることになるのだからスポ根ドラマのような話だ。中学時代の清宮がこの美人教師やラグビーを勧めてくれる教師に出会っていなかったなら、早稲田ラグビー部は黄金期を迎えなかったかもしれない。また、清宮の人生がまったく変わったものになっていたなら、幸太郎くんだって生まれていなかった可能性もある。

清宮克幸『「荒ぶる」復活』（講談社）

清宮のことばかり書いたが、**今泉清**（昭和42年9月13日生まれ）の人気も、もちろん高かった。

というよりも、人気では今泉のほうがおそらく上だった。何をするかわからない奇想天外なプレースタイルが特徴で、とにかく勝負強い！　ラグビー界では珍しいスーパースターとして見られる活躍ぶりだったのだ。

高校時代はフランカーとして活躍して、大学でバックスに転向。プレースキッカーもつとめていた。その際のステップも独特なもので、今泉がプレースキックをしようとすると、会場からは「1、2、3、4、5！」という掛け声があがった。その点でいえば、「五郎丸ポーズ」で国民的な人気者になった五郎丸歩にも近い存在だったのだ。

とんでもない位置からペナルティゴールを決めるなど、記憶に残るビッグプレーも何度となくみせていた。早稲田にとっての清宮と今泉は〝桑田の穴〟を埋めてくれる存在だったのだ。

直接対決もしていた古賀稔彦と小川直也

大林素子と同じ時代に〝世界の舞台〟で戦っていた同級生としては**古賀稔彦**（昭和42年11月21日生まれ）や**小川直也**（昭和43年3月31日生まれ）が挙げられる。

この二人の名を知らない同時代人はいないのではないだろうか。

柔道家である。

古賀は「**平成の三四郎**」と呼ばれた人で、得意技は一本背負い！　軽量級でありながら無差別級の試合でも大きな選手たちを投げていた、いかにも柔道家らしい柔道家だ。

88年の**ソウルオリンピック**にも出ているが、圧巻は92年の**バルセロナオリンピック**だ。大会前にヒザを痛めていながら、痛み止めを打って戦い、**金メダル**を獲っている。

現役引退後の古賀は、全日本女子柔道チーム強化コーチに就任。２００４年アテネオリンピックと２００８年北京オリンピックで金メダルを獲った谷本歩実らを指導した。

「一本勝ち」にこだわり、一本背負いを得意とした谷本は「女三四郎」とも言われた。この異名にしても、意味的には〝女・古賀稔彦〟に近かったということだ。

早生まれの小川は、大学2年時に世界選手権を優勝して**史上最年少の19歳7カ月で世界チャンピ**

オンになっている。

オリンピックは92年の**バルセロナ大会**で銀メダルを獲った。

小川に関しては、プロ格闘家に転身して橋本真也（昭和40年生まれ）と抗争を繰り広げたことが記憶に残っている人のほうが多いかもしれない（１９９７年〜２０００年）。

「新日本プロレスのファンの皆様、目を覚ましてください！」と叫ぶなど、イッちゃった目をした「**暴走王**」として名を馳せた。橋本真也との最後の戦いは『**橋本真也34歳小川直也に負けたら即引退スペシャル**』としてゴールデンタイムに生放送され、高視聴率をとっている。その意味でも歴史に残ることをやっているわけだ。

この当時の僕はプロレス関連の仕事をしていることも多かったので、小川には何度か会っている。ふだんの小川は、イッちゃった目などはしていない〝正しい人〟だ。明治大学を卒業したあとはＪＲＡ（日本中央競馬会、就職は難しい）の職員もやっていたくらいだからそれも当然だ。

相手の橋本にしても、プロレスラーのなかでは1、2を争うほどの常識人だったといっていい。40歳で早逝したのが残念だ。


小川は、一試合1億円のファイトマネーが欲しいと口にするなどビッグマウスでも話題を振りまいたが、当時のインタビューでは〝本当はお金は関係ない〟としてこう答えている。

「カミさんと子どもが不自由なく暮らせればいいやと。いい車とかいい家が欲しいなんて全然ないですよ。ただ、柔道が夢がないスポーツだってイメージを何とかしたいというのはあった」

「おれがあのままでいたら、（柔道の）世界チャンピオンになって、2DKの社宅に住んで、馬券売り場のおばちゃんの管理とかやってたら、柔道やって何になるの、これ？　って。こういう言い方は悪いけど、そうなっちゃまずいでしょう。王、長嶋にしてもアントニオ猪木にしても、それなりの生活してるじゃないですか」（『Ｎｕｍｂｅｒ』１９９７年6月5日号より）

話の中に出てくる「子ども」＝小川雄勢もオリンピックを目指す柔道家になり、小川はそれをしっかりフォローしている。そんな様子を見ていても、柔道愛の強さはよくわかる。

小川は、僕が立ち会ったインタビューのなかでも「柔道でメシが食えるんだったら転職していない」、「柔道が嫌いだったら（橋本との試合は）柔道着を脱いでやっている」ということを話していた。そのときに小川は、橋本の蹴りやチョップについて「肉を斬らせて骨を断つどころか、肉が骨まで貫通しそうな蹴りで、まずいなと焦った」と、本音も口にしていた。

そんな小川と古賀は90年の全日本柔道選手権の決勝で対戦しており、さすがに体重差もあってか、小川が勝っている。

この対決を目前に控えていた頃のインタビューで古賀は「あの大きな体で前に出て来られたら怖いですよ。勝つ可能性は……10パーセントもあればいいほうじゃないですか」（『アサヒ芸能』１９９０年5月10日号より）と話していた。

古賀稔彦『勝負魂』(ベースボール・マガジン社)

同じ記事の中ではこんなことも言っていた。

「高校時代、ちょうど野球でＰＬ学園の清原、桑田が活躍していて、プロに入る契約金は何千万円だ、億だって騒がれてました。自分たちも高校で全国優勝してたのに、野球とはえらい違いだなあって、よく柔道部のみんなで話し合っていました」

清原、桑田の名前が出ているのはやはり同級生ならではのことだといえる。

収入に対する疑問と不安というものは、アマチュアスポーツに人生を懸けている人間ならば、必ずどこかで持つことになるものだ。

ちなみに古賀は、自著『**勝負魂**』の中でこう書いている。

「小学校1年生のとき、私の**一日の小遣いは30円**でした。3年生だった兄は50円です。この20円の違いは、すごく大きなものでした。その当時、家の冷蔵庫にジュースが入っている家庭はまれでした。たいてい、麦茶とビールくらいです。ジュースは、自分の小遣いで買わなければ飲めません。ところが、**ジュースの値段は50円**でした。30円の予算では、ビニールに入ったジュースもどきのアイスと、4個入り10円のガムしか買えません。50円のジュースが飲める兄が、うらやましくて仕方ありませんでした」

当時の記憶がまざまざと甦る。

ビニールに入ったジュースもどきのアイスとは、いわゆるチューチュー（チューペット）のことだろう。古賀の家庭が貧しかったというわけではなく、この当時は全国の子供たちはみんな、こうした駄菓子屋生活を送っていたものだ。

『勝負魂』には、スナック菓子のおまけに付いてくるスーパーカーのカードを集めることが子供たちのあいだで流行っていて、「一日3袋も買えるお金持ちの息子」がうらやましかったとも書かれている。いかにも『ちびまる子ちゃん』的なリアルな話だ（さくらももこさんは昭和40年生まれ）。まる子ちゃんの友達である花輪くんレベルの子はなかなかいないにしても、恵まれた子はやはりいたものだ。

いずれにしても、アマチュアスポーツで真のトップを目指すのは、家が裕福か、周囲の援助がなければ難しい。それこそ本来は、花輪くんレベルの家に生まれた子が相当な資質をもっていてこそ、世界への道が拓けていく。そうした現実は、令和になったいまも変わらないはずだ。

プロレス界を引っ張った小橋建太と、バラエティでも活躍する中西学

プロレスラーについても書いておきたい。

同年生まれのプロレスラーとしては小橋建太（小橋健太から改名）や中西学がいる。

小橋建太は昭和42年3月27日生まれなので、1学年上の同年生まれだ。

全日本プロレス入団が昭和62年。トップに立ったのは90年代中頃なので、少し先の話になる。その頃には「**青春の握り拳**」を前面に押し出したアツい戦いぶりで全日本プロレスの三冠王者になるなどの活躍をしていた。三沢光晴（故人）らと設立したノアでは「絶対王者」とも呼ばれた。

２００６年に39歳で腎臓ガンがみつかり手術を受けながら翌年には復帰！　だが、12年の試合中に脛骨を折るなどして長期欠場することになり、翌年に引退している。

中西学は昭和42年1月22日生まれなので小橋と同学年になる。

92年の**バルセロナオリンピック**に出場しており、その後に新日本プロレスに入団した。

中西は日本人離れしたパワーの持ち主だ。資質に恵まれていながらプロレスの世界でもうひとつブレイクできずにいるが、『**さんまのＳＵＰＥＲからくりＴＶ**』で「お悩み相談」のコーナーを持つなど、一種の天然キャラとしてそれなりに居場所を摑んだ。

中西とは、仕事の関係で居酒屋で食事をしたことがあった。そのときは、あの体としては信じられないくらいの少量しか飲み食いしていなかった。こちら側の支払いだったので遠慮してくれたのではないかと思う。そういう気づかいをしてくれる、やさしい男だ。だが、そのことがプロレスラー中西にとってはブレーキになっていた気がしないでもない。いつも陰ながら応援していたが、リミッターを外してないようにも見えて、もどかしく感じるときも多かった。

中西と食事をしたときには「かわいい顔をしてますね」というようなことを言われて（僕もまだ若かった）、少しだけ怖かった。中西が結婚したときはちょっとホッとしたものだ。もちろん、そんなことがあったといっても言葉だけの話だ。印象としてはあくまで〝正しい人〟である。

伝説をつくり続けたブル中野と北斗晶

男子レスラーにくらべれば、女子レスラーは活躍が早い。

いまでこそ50歳を超えて現役を続ける女子レスラーもいるが、かつて全日本女子プロレス（全女）には「**25歳定年制**」があり、早くにデビューして早く引退するのが慣例になっていた。

我々の同級生としては、北斗晶とブル中野が挙げられる。

ブル中野（昭和43年1月8日生まれ）は女子プロファンならその名を知らない者はいないレジェンドである。ダンプ松本率いる**極悪同盟**に入ったのが昭和60年（85）のこと。中学1年生で練習生になっていた彼女は、この時点でもまだ17歳だった。**清原と桑田が「甲子園最後の夏」を戦った年**でもある。

前年に結成されていた**クラッシュギャルズ**がブームだったので、敵対する極悪同盟も大きな注目を集めていた。ブル本人はヒール（悪役）にさせられたのが嫌で、当初は毎日泣いていたというが、待遇は変わった。それまでは月給7万円（1試合のファイトマネーに換算すれば1000円くらい）だったのに、月給は70万円と10倍になり、年収は900万円ほどになったという。この時代にそれだけ稼げる17歳の女の子はなかなかいなかったはずだ。

その後もアジャ・コングと伝説に残る**金網デスマッチ**を行なったり、アメリカに渡って**WWE世界女子王座を獲得**するなど女子プロレス界の頂点に君臨していた。WWE（旧名称はWWF）は巨大な団体であり、その王者時代は**一試合あたり数百万円**といったファイトマネーをもらっていたようだ。

全盛期は100キロを超す体で、髪の毛をガチガチに逆立てた〝凶暴な風貌〟がトレードマークになっていたが（極悪同盟に入った頃は「半分ハゲ&半分モヒカン」だった）、**引退後、痩せてメイクを落とすと、やさしそうな美人**だったということでも世間を驚かせている。

100キロを超す体にしても、男性ホルモン注射を使って無理につくっていたらしい。

2016年11月には『しくじり先生』に出演して、引退後にはプロレス仲間の連絡先をすべて消去したうえで13年間失踪していたことを告白！　そのあいだには生きる目標を失い自殺を考えるほどにもなっていたということを明かしている。

また、2019年5月には、引退後に結婚した15歳下の夫とともに『アウト×デラックス』に出演。その夫がブル中野の現役時代をほとんど知らないと話すと、ブルを崇拝するマツコ・デラックスは激怒！　するとブル中野は「知らないから抱けたんだよね」と返したのだから笑えた。

それでもやはり、一般の認知度が高いのは「**鬼嫁**」としても知られる**北斗晶**（昭和42年7月13日生まれ）のほうだろう。

いまの北斗に対しては、ぽちゃっとしたイメージがあるかもしれないが、現役時代の北斗はとにかく、すらりとしていた。運動神経抜群のキレキレのレスラーだったのだ。ブル中野にも負けないレジェンドである。

中学から始めたソフトボールで活躍していた北斗（結婚前の本名は宇野久子。リングネームを北斗晶にしたのは昭和63年〔88〕）は、スポーツ推薦でソフトボールの強豪校に進んだ。だが、高校でソフトを続けているうちに、ふと〝レールに乗っかったような人生〟がつまらなくなったのだという。思いきりよく高校をドロップアウトすると、コンビニでバイトしながらトレーニングを行なう生活を始めて、全女に入団した。

オーディションと呼ばれる入団試験は、クラッシュギャルズ人気もあって狭き門になっていた。北斗が受けたときの競争率は70倍ほどだった。

デビューしたのは昭和60年（85）なので、中学1年生で業界入りしたブル中野よりは遅れている。だが、運動神経とセンスに秀でた北斗である。デビューした年から新人賞を取る活躍ぶりで、翌年に全日本ジュニア王座、さらに翌年にはWWWA世界タッグ王座を獲っている。

その昭和62年（87）4月に〝事件〟が起きた。

世界タッグ王座の防衛線で、ロープ二段目から真っ逆さまに落とされるツームストン・パイルドライバーを受けて、首の骨を折ったのだ。

「下半身不随になるかもしれない」と医者に告げられるほどの重傷だった。

頭蓋骨に穴を開けてベッドに吊るされ、動くこともできない入院生活を送った。

当然、引退が勧告されることになったが、復帰を訴えるファンの署名が8万人分集まり、8カ月後に復帰している。

その時点でも、死や下半身不随といった危険と隣り合わせになっていた。

そういうなかで北斗は、一度折れた首を鍛えに鍛えた。首に負荷をかけるトレーニング自体、危険だったはずだが、事故に遭う前より太い首にしていったのだ。

「パイルドライバーをかけてきた相手ではなく、その技に耐えられるだけの首を持っていなかったからあの事故が起きた。相手を恨んだことはないし、自分が悪い」

そう考える北斗ならではのことだった。

個人的に北斗のプロレスにド肝を抜かれたのは**「猛武闘賊（ラス・カチョーラス・オリエンタレス）」**というユニットを組んでヒールとして戦うようになった92年のことだ。

ゴングが鳴ったほとんど次の瞬間に**ノーザンライト・ボム**という一撃必殺のオリジナル技を繰り出して、相手を秒殺してしまったのだ。フォールの仕方も相手の体に片膝だけを置くふてぶてしいもので、その強さと悪魔的な仕草にシビれた。

北斗にシビれたのは僕だけでなかったようで、人気はうなぎ上りになっていた。

そして迎えたのが、ある程度の年齢のプロレスファンなら知らない者はいない**神取忍との一戦**である（93年4月2日）。試合開始早々、北斗のパンチが神取の顔面に入ったかと思えば、神取はワキ固めによって北斗の関節を外してしまう。

両者血みどろの壮絶な戦いは、**北斗のクロスカウンター**によって終止符が打たれた。

世間でイメージされる女子プロレスとはカテゴリーが違うような試合だった。フィニッシュとなった技からいっても、矢吹丈と力石徹の対決にも通じるところがある死闘である。

著者が編集した『別冊宝島EX　決定版！女子プロレス読本』（宝島社）の表紙は北斗晶

「鬼嫁」を書名に使った『北斗晶の“鬼嫁流”子育て』（扶桑社）

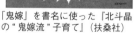

北斗が広く**デンジャラスクイーン**と認知された瞬間でもあった。

その後も第一線で活躍を続けたあと、**佐々木健介と結婚**。

自身が引退したあとは健介や子どもたちとの「一家」で活躍している。

93年に僕が編集担当として立ち会った取材の中で彼女はこう言っていた。

「私たちの先輩って、結婚してない人が多い。十五～六歳でろくに学歴もないままこの世界に入ってきた人ばかりだから、やっぱりやめてからも社会に出るのが難しいんですよ。でも、そういうのってすっごい惨めだと思う。**プロレスを引退したって結婚できるんだよっていう前例をつくりたい**ですね。私だって家じゃ掃除はするわ、洗濯はするわ、料理はするわ、みんなにエーッて思われることをけっこうしてるんですから（笑）」（『別冊宝島EX　決定版！女子プロレス読本』より）

健介に出会う前、デンジャラスクイーンと呼ばれていた頃の発言である。

昭和42年の風景③
メンコからファミコンまで遊び尽くした世代

昭和42年7月14日に『**リカちゃん人形**』が発売された。本名は香山リカ。誕生日は昭和42年5月3日で、小学校5年生。発売から50年が過ぎたいまも輝きを失わない〝永遠のアイドル〟だ。

リカちゃん人形はうちになかったけれど、昭和35年（60）発売のダッコちゃんはあったし、昭和49年（74）発売のモンチッチは自分で買った。ちっちゃいサイズのやつで、かわいくて好きだった。

振り返ってみれば、こうした人形やぬいぐるみに限らず、いかにも昭和なおもちゃの数々と親しみながら僕たちは育った。

遊び道具でいえば、メンコやビー玉、コマ回しなどもやっている。**牛乳瓶のフタ**を集めてメンコがわりにして、友達と取り合ったりもした。〝ゴミ〟を取り合っていたわけだから、のどかな時代だ。

古賀稔彦はスーパーカーのカードを集めていたそうだが、僕の周りでは**スーパーカー消しゴム**が流行った。ボールペンで飛ばして遊ぶので、ボールペンのバネの部分を熱心に改造したものだ。

定番のおもちゃは野球盤と人生ゲームだ。エポック社の野球盤は昭和33年（58）発売。うちにあったのは「消える魔球」機能がついたもので、このタイプは昭和46年（71）の発売だ。タカラの人生ゲームは昭和43年（68）の発売。このふたつのゲームに関しては、かなりの普及率で、多くの家にはあったものだ。**オセロ**も流行った。発売は昭和48年（73）。やはりうちにもあった。

ヨーヨーブームなどもあったが、昭和55年（80）にはルービックキューブが流行った。オセロもルービックキューブもツクダオリジナルの発売で、ツクダは昭和53年（78）にスライムもヒットさせている。ルービックキューブはあんちょこのようなものが出回り、一定の手順を覚えれば誰でも6面完成させられたので、完成の早さを競い合った。ずいぶん経ってから再ブームが来て、２００５年に攻略法を載せたガイドブックの編集を担当している。子供の頃にはまさかそんな日が来るとは思ってもいなかった。

昭和53年（78）にスペースインベーダーが出て、ゲームセンターブームになった。うちの地方ではバッティングセンターや浜茶屋（海の家）、喫茶店などにもゲーム台が置かれていて、そういう施設への出入りは補導の対象になった。だからといって出入りを控えるわけはなく、いかに補導員に捕まらないかを考えながら遊んでいたものだ。

昭和55年（80）、中学に入る年にゲーム＆ウオッチが出て、その3年後、高校に入る年にファミコン（ファミリーコンピュータ）が出た。ゲーム＆ウオッチに関しては、自分で持っていたのか人に借りてやっていたのかは覚えていない。インベーダーのあとに出たとは思えないほどシンプルな液晶ゲームだ。

ファミコンを自分で買ったのは大学に入ってからのことで、それまではもっぱら友達の家でやっていた。大学時代には『ダビスタ』や『信長の野望』を徹夜でやっていた。『ドラクエⅢ』が常識外れの行列をつくる社会現象を起こしたのは昭和63年（88）だ。

プレイステーションなどが出たのは社会人になってからのこと。とにかくまあ、ひととおりのゲームで遊んだ。

メンコからファミコン……、いまのスマホまで、あらゆるゲームを遊び尽くした世代といえる。その始まりにリカちゃんがあったわけだ。幸せである。

第4章 変わりゆく風景の中で

1989年、昭和が終わり、平成という時代を迎えた

昭和63年（88）、笠松競馬で走っていたオグリキャップが中央競馬に移籍した。僕がその姿をはじめてナマで見たのは、その年の10月に東京競馬場で行なわれた毎日王冠だった。オグリキャップが勝ったレースだ。その後の天皇賞とジャパンカップは惜敗したが、続く有馬記念は勝っている。翌年あたりからは競馬ファンでなくてもその名を聞いたことがない者はいないほどのアイドルホースになっていった。

競馬場の風景を変えた馬だといってもいい。

僕が競馬にのめり込むようになったのは昭和62年（87）のことだ。かつて馬券は20歳以上でも学生は購入できなかった（2005年から購入できるようになった）。そのあたりについてはとりあえず目をつぶっておいてほしい。

オグリキャップが全国のアイドルになる直前の競馬場にはまだ、かろうじて鉄火場の匂いが残っていた。とくに中山競馬場はそうだった。僕がはじめて中山に行ったのは昭和62年の有馬記念だった。そのとき競馬場にいたのが千葉のおっさんばかりだったのには驚いた。

千葉のおっさんといえば語弊があるので、昭和のおっさんといえばいいだろうか。髪はアイパーかパンチで、ジャンパーに白いズボン、ワニ革かエナメルの靴……。それが競馬場

に入るためのドレスコードなのかと疑われるくらいみんなが同じような格好をしていた。

いま振り返れば、そういう光景を見られるのも、その頃が終わりに近かったわけだ。

オグリキャップの登場後には急速に競馬場に若者が増えていった。

それがちょうど昭和から平成へと時代が変わったタイミングとも重なる。

この当時、僕にしても若者の側にいたわけだけど、オグリキャップ以前の競馬場のほうが好きだった。この頃は「競馬場の風景を変えた馬」としてオグリキャップが嫌いだったくらいだ。


競馬場に限らず、いろいろな風景が変わっていった。

たとえば昭和には新宿歌舞伎町にはコマ劇場があり、**コマ劇場前の噴水**には酔っ払った学生がよく飛び込んでいた（とくに早慶戦のあとなどに多かった）。それがいつのまにか噴水のある池そのものがなくなっていた。飛び込む人間が後を絶たなかったからではないかと思う。

石原慎太郎都政においては**歌舞伎町浄化作戦**が展開されて、いいのか悪いのか、ファッションヘルスなどの風俗店が一気に減ることになった。平成も終わりに近づくと、コマ劇場までもなくなり、歌舞伎町のシンボルはゴジラに変わった。

歌舞伎町のような特殊な街からも昭和の匂いは、ほぼなくなりつつある。

昭和から平成になった89年がすべてのターニングポイントだったわけではないけれど、**平成の30年のうちに世の中はずいぶん変わった**わけだ。

なんといえばいいのか……、先が思いやられるばかりだ。正直にいえば、いまの子供たちやこれから生まれてくる子供たちはかわいそうだな、とさえ感じている。そう書くと、小さな子供がいる人たちには嫌な顔をされそうだけれど、それくらい僕たちはいい時代に生きてきたということだ。モノに恵まれていれば幸せというわけじゃない。

少なくとも僕はそう思う。

昭和62年、江口洋介は〝江口洋助〟を演じた

昭和62年（1987）、僕たちが20歳になる年に『湘南爆走族』が実写映画化された。

この映画は見てないけれど、昭和57年［82］から連載が始まっていた吉田聡原作の漫画は好きで、コミックスも持っている。最近、何を思ったのか、突然、『今日から俺は‼』（作・西森博之。漫画は昭和63年からの連載）がドラマ化されて人気になったが、あの主人公である三橋貴志にも似たところがあるいとしきバカたちが暴れ回る作品だ。もちろん、系統として似ているというだけで、キャラクターはまったく違う。共通しているのは、いまの時代であれば、生きづらくて窒息しそうになるんじゃないかと思われるような男たちだということだ。

『湘爆』の主人公の名は江口洋助。

どこかで聞いた名前だな、と思うかもしれない。

だとしても偶然である。

『湘爆』の江口洋助を演じたのは**江口洋介**（昭和42年12月31日生まれ）だったが、この江口洋介は本名もまた江口洋介なのである。

江口洋介は『湘爆』以前にも、江口洋介の名で映画やドラマに出ていた。デビュー作は前年放送のドラマ『**早春物語**』で、同年公開の『**おニャン子ザ・ムービー　危機イッパツ！**』にも出ていた。**新田恵利**とは〝同級生共演〟（あくまで同じ学年ということ）を果たしていたわけだ。

江口といえば『**東京ラブストーリー**』や『**ひとつ屋根の下**』のイメージが強いはずだ。だが、僕などはどうしても〝湘爆の江口洋助を演じた江口洋介〟とイメージしてしまう。

坂上忍やアイドル歌手たちを別にすれば、もっとも早い段階で世に飛び出してきた同級生俳優だったともいえる。

個人的な接点はまったくないが、この江口洋介も昭和の匂いが色濃い人ではあるようだ。

古いインタビュー記事を探ってみると、90年には次のように話していた。

「ワクからはみ出さなくちゃいけないと思う。人と同じように生きてるだけだと自分が何なのかわからなくなる」

「渋谷あたりでチャラチャラしてる連中に〝お前らそんなんでいいのかよ〟っていいたい。カッコばかり気にしたってしょうがないよ」（『週刊プレイボーイ』１９９０年２月20日号より）

こう語る江口洋介は22歳だったのだから、年齢のわりには発言が老成している。90年の渋谷といえばチーマーが現われだした頃か、その直前あたりになる。

最近の渋谷は、なにかというと〝ハロウィンな若者たち〟に占拠される悲しい街になっているが、この時代の渋谷ではそんな現象は見られなかった。それでもやはり、渋谷にたむろする若者たちをチャラいと感じるのが江口洋介という男だったということだ。

最近の江口は、昭和63年（88）の広島を描いた『**孤狼の血**』という映画で『**仁義なき戦い**』に出**てきそうな極道**を演じたりもしている。それを見ても思った。

江口洋介とは、平成の渋谷より、昭和の広島が似合う人だったのだな、と。

〝世界陸上の人〟になった織田裕二、〝通販王〟になった保阪尚希

『湘南爆走族』では、**織田裕二**（昭和42年12月13日生まれ）もデビューしていた。

演じたのは湘爆の親衛隊長、石川晃。

江口洋助のトレードマークが紫リーゼントなら、石川のトレードマークは**三色メッシュ**だ。映画の中では2人とも忠実にその髪型をキメていた。

織田裕二はその後、89年に『**彼女が水着にきがえたら**』で**原田知世**と同級生共演！　91年には『**東京ラブストーリー**』に出演した。そのため、織田裕二といえば、赤名リカ（鈴木保奈美）から「**ねえ、セックスしよ**」**と言われるカンチ**のイメージが強い人が多いはずだ。

だが気がつけば……〝**世界陸上の人**〟になっていた。

湘爆の石川晃役は自分で望んでオーディションを受けたそうなので、もともとカンチよりは湘爆や世界陸上が肌に合う人間なのかもしれない。いったん好きになればのめりこみやすいタイプだ。モノマネをされることも多いが、あまりいじりすぎてはいけない、まっすぐな男である。


『湘爆』の1年後となる昭和63年（88）、『優駿 ORACION』で主演デビューしたのが**緒方直人**（昭和42年9月22日生まれ）だ。


この映画における緒方直人の父親役は、実の父である緒方拳だった。

競馬にはまっていた頃に公開された映画だ。原作である宮本輝の小説『優駿』も好きだったので、いい意味でも悪い意味でも忘れられない作品だ（映画自体はそれなりにおもしろかった）。

緒方直人は92年に大河ドラマ『**信長 KING OF ZIPANGU**』で主演をつとめており、いまのところ、そのあたりが俳優としてのピークになっている感がある。

僕の周囲では彼のことを「ジュニア」と呼ぶ者も多い。アクのない緒方拳。そんな印象が強いのは否めない。50歳を過ぎてもこれからまだ彼ならではのことができるのではないかと思う。

デビューは昭和61年（86）でありながら、江口洋介らここで挙げた3人よりも少し遅れてブレイクしたのが**保阪尚希**（昭和42年12月11日生まれ）だ。

90年代にはかなりの数の作品に出ており、『信長　KING OF ZIPANGU』では信長の弟・信行を演じて、緒方直人と〝同級生兄弟〟になっている。

この人の人生を振り返ると、あまりにもワイドショー的になりすぎるので、ここで詳しく書くのはやめておく。本人もテレビなどで話しているように、隠しているわけではないのでキーワードだけを挙げておくと……。

7歳のときに「両親が自殺」→つらい少年期を乗り越えて「**新・平成御三家**」と呼ばれる活躍（他の二人は萩原聖人と福山雅治）→そのうえで「命の危険のあった重病」や「2度の離婚」を経験し、「**出家**」したり「**通販王として大成功**」したりしている。

これだけ波乱に満ちた人生を歩んでいる人はなかなかいないだろう。小説や映画のモデルにするのもためらわれるような人生だといえる。

ビッグヒットを飛ばしたプリプリとスピッツ

いわゆるアイドルとは括りが異なるミュージシャンもこの頃、世に出てきている。

プリンセスプリンセスのボーカル、**奥居香**（現、**岸谷香**）は昭和42年2月17日生まれなので、1学年上の同年生まれだ。

前身といえる「**赤坂小町**」で活動を始めたが、アイドル的な扱いに違和感をおぼえたことなどから事務所を移籍。「プリンセスプリンセス」としてメジャーデビューしたのが昭和61年（86）だ。奥居香はもともと、難関の国立大学附属小学校に通う、エリートコースに乗りかけた少女だった。それが次第にバンド活動にのめり込んでいき、附属ではない別の高校に移りながらも、最終的には高校中退になっている。それだけ音楽に対して本気だったわけである。

プリプリになった2年後の昭和63年に「ＭＹ　ＷＩＬＬ」がヒットした。ミリオンセラーとなった「Ｄｉａｍｏｎｄｓ」が出されたのが、年号が平成に変わった89年だ。その頃にはよくカラオケでも耳にした。

この年のヒット曲ランキングを見れば1位が「Ｄｉａｍｏｎｄｓ」で、2位がやはりプリプリの「**世界でいちばん熱い夏**」になっている。とにかく売れていたわけだ。

プリプリは、日本のガールズバンドのなかでは、商業的にもっとも成功したともいわれている。そんなバンドのボーカルが昭和42年生まれなのはやはりうれしい。

ちなみに書いておけば、この年のヒット曲3位は長渕剛の「とんぼ」だ。清原が、巨人に移籍してから自身の入場曲にもしている。清原にとっての巨人は、死にたいくらいに憧れた花の球団……だったということだ。

プリプリは96年に解散しているが（２０１２年には震災復興支援のために1年間限定で再結成された）、解散後も奥居香（岸谷香）はソロ活動を続けている。

早生まれ同級生（昭和43年1月13日生まれ）の**ＣＨＡＲＡ**のデビューは91年。脚光を浴びたのは岩井俊二監督の『**スワロウテイル**』に出演した96年、ということになるはずだ。

ごく最近、どこかの無知で無恥な人間から「まだやってるんですか」と質問されたらしく、「まだやってるんですか？　とか言うの　本当によくわからない　ダメよそれ　傷つくわよあたし」とツイッターに書いていた。ＣＨＡＲＡがやってきた音楽は素晴らしいものだし、今後も彼女にしかできない音楽をつくりだしてくれるはずだ。

草野マサムネ（昭和42年12月21日生まれ）をはじめ、**メンバー全員が同級生のスピッツ**がメジャーデビューしたのも91年で、「**ロビンソン**」が大ヒットしたのが95年だ。

この翌年に出された「**チェリー**」はカラオケの定番曲にもなっている。

スピッツはもともとパンク路線を考えたバンドだったのに、ブルーハーツの出現で方向転換したのだとも聞く。結果的には音楽的にも商業的にも大成功をおさめている。「ロビンソン」で一気に売れたイメージもあるが、93年頃から少しずつ売れてきていたバンドだ。朝ドラ『なつぞら』の主題歌「**優しいあの子**」も人気だ。

「絆」の意味を教えてくれる石野卓球とピエール瀧

石野卓球（昭和42年12月26日生まれ）と**ピエール瀧**（昭和42年4月8日生まれ）を中心にした**電気グルーヴ**がメジャーデビューしたのも91年で、92年には武道館公演も行なっている。93年には代表的なアルバム『**VITAMIN**』を出しているので、世に出てきたのは早かったといえる。

石野と瀧は、高校は違いながらも、ともに静岡市出身で、高校時代にテクノユニット「**人生**」を結成していた。この「人生」が電気グルーヴの前身になっている。石野は早いうちからどっぷりとテクノにはまっていたようで、瀧は甲子園を目指す野球少年だった。

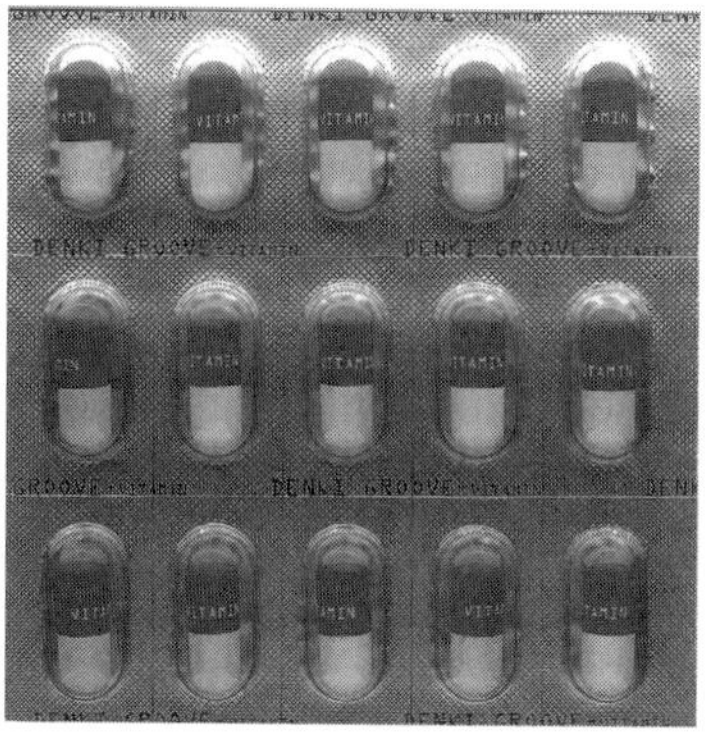
電気グルーヴ『VITAMIN』(Ki/OON SONY KSC2 66)

『POPEYE』の「二十歳のとき、何をしていたか？」という特集号（2018年3月号）の中で石野は、20歳当時、すなわち昭和62年（87）前後のことを振り返っている。

この頃に石野は「大学に行きます」と親に言って東京に出てきたそうだ。基本的に大学に行く気はなく、バイトをしながら目標をかなえるための道を探る日々が続いた。

「お金は全然なかったけど、〝金がなくて暇な友達〟はいっぱい」いて、「瀧もそのうちの一人」だったという。「本当にお金がないときには、夜中の六号通りを歩いて自販機の釣り銭口をひたすら覗くという遊び」などもやっていた。

「そのときに瀧との間にできた〝共通言語〟がその後の活動に繋がっている」

昭和62年（87）。清原と桑田が日本シリーズで戦い、清原が泣いた年に、二人はそうして未来への礎を築いていたわけだ。僕などはただ、バイトをしながら麻雀と競馬に明け暮れた学生生活を送っていた頃にあたる。


2019年1月には石野と瀧の二人が日本テレビの『**アナザースカイ**』に出演して、大きな反響を呼んだ。この放送は僕も見ていた。MCの今田耕司が「楽しそうやな！」とビックリ顔を見せるほど、二人の息はピッタリだった。

ネット上でも「電気グルーヴの another sky がマジでマジで最高でした　見れて良かった」、「電気グルーヴのアナザースカイ、最近の仲良し路線が強まりすぎてなんかすごい良い話になってても死んじゃうんじゃないかなってドキドキしてしまった」などといった声が飛び交っていたほどだ。

今田耕司が電気グルーヴにおける役割分担を聞くと、石野は迷わず「（自分は）音楽、（瀧は）瀧」と答えた。それに対して瀧は「いればいいってことになりました」とニカッと笑った。

ギターでもボーカルでもない「瀧」という役割。

たしかに瀧は「楽器の弾けないミュージシャン」だと公言しているが、そんな役割をこなせる者は瀧しかいない。当然である。だって瀧なのだから。

それまで僕は、電気グルーヴの音楽は聞きかじっていた程度だったので、あらためて『ＶＩＴＡＭＩＮ』を聞き込んだ。

番組の中で瀧は「電気グルーヴ、最高ですよ！　なんで、みんな聞かないんだろうって思いますもん」というようなことを言っていた。それもよくわかる。**食わず嫌いしていてはもったいないと**いうか、ちゃんと聞いておくべき音楽である。

その音楽を動かしているのは石野なのだろう。だが、そこにはしっかり瀧がいる。「音」からもそれが伝わってくる。電気グルーヴとはそういうバンドだ。


２０１9年3月に瀧が麻薬取締法違反（コカインの使用容疑）で逮捕されたことは記憶に新しい。瀧が俳優として出演している作品が放送中止や配信停止になり、電気グルーヴのＣＤなども出荷停止や回収となったことで、作品を「お蔵入り」させることの是非が問われた。

そんな中で石野は「もう事務所はやめる。瀧もいないし」とツイート。

その後に瀧が保釈されると、「一カ月半ぶりに瀧くんと会ったよ。汗だくになるほど笑った！」と、二人で肩を組んで笑顔を浮かべるツーショット写真もアップした。

その写真に対して不謹慎だという声もなくはなかったが、30万件以上の「いいね」も集まった。

『アナザースカイ』の放送と、このとき公開された二人の笑顔を見れば、**不謹慎云々といったこと**

を口にするのはつまらなく感じるはずだ。

二人でいる。ただそれだけであんなに素敵な笑顔を浮かべられる男と男はそんなにいない。

漫画界のダブル巨頭、松本大洋と井上雄彦

この頃から活躍している漫画家も多い。**松本大洋**（昭和42年10月25日生まれ）が『モーニング』で『**STRAIGHT**』の連載を始めたのが昭和63年（88）だ。

松本作品のなかではマイナーな野球漫画だが、本人は「死んでも復刊させない」と言っているらしい。職人気質の漫画家なので、デビュー当時の絵などは封印したいのかもしれない。

90年になって発表の場を『スピリッツ』に移すと、『**ZERO**』→『**花男**』→『**鉄コン筋クリート**』→『**ピンポン**』と連載していき、その人気を不動のものにした。松本大洋の作風は好きで、これらのコミックはすべて発売当時に買っていた。

松本は、母親の勧めで大友克洋と吉田秋生を読んでいたともいう。さすが同級生だけあって、こうしたバックボーンも頷ける。この二人は僕も大好きだ。と同時に、すごい人たちだと思う。

一応書いておけば、僕がいちばん好きな松本大洋作品は2006年から描かれていた『**竹光侍**』だ。永福一成（昭和40年1月生まれ）を原作者とした作品だが、『STRAIGHT』の頃、永福は松本大洋のアシスタントをしていたそうだ。

認めるべき人間は認める。認められて然るべき人間は認められる、ということだ。
永福が書いた小説版『竹光侍』もおもしろい。力のある人間のもとには力のある人間が自然に集まってくる。それが現実になった好例だ。

一学年上の早生まれ（昭和42年1月12日生まれ）となる**井上雄彦《たけひこ》**は、90年から『週刊少年ジャンプ』で『SLAM DUNK』の連載を始めた。

松本大洋の作品
『ピンポン』、『竹光侍』、『鉄コン筋クリート』、『青い春』、『花男』、『ZERO』（すべて小学館）

井上雅彦の作品
『バガボンド』（講談社）、『リアル』（集英社）

漫画史、そしてバスケ史に残るような名作になっている。

『SLAM DUNK』に関しては、恥ずかしながらリアルタイムではなくあとから読んだクチだ。だが、98年から『モーニング』で連載を始めた『バガボンド』や99年から『週刊ヤングジャンプ』で連載している『リアル』は、発売されるごとにコミックスを買っている。

ただ……、この原稿を書いている現在、『バガボンド』は休載（長い長い休載）となっていて最終回を迎えていない。最終回までしっかり描き切って、読ませてほしいと願っている。

どうやら井上雄彦は、『バガボンド』とどこまでも真剣に向かい合っているからこそ、描き進められない事態にはまってしまったようだ。

それもまた、常に真剣勝負している人だからこそのことだ。なんとか乗り切ってほしい。

『セーラームーン』の武内直子も愛した宇宙戦艦ヤマト

やはり早生まれ（昭和42年3月15日生まれ）の**武内直子**は92年から『なかよし』で『**美少女戦士セーラームーン**』の連載を開始した。いわゆるメディアミックス作品だ。連載とあわせてテレビアニメ化もされ、社会現象といえるほどのブームを起こしている。

個人的にセーラームーンは守備範囲外になるけれど、90年代にはいたるところでセーラームーンや〝セーラームーン的なもの〟を目にした。

この武内直子は三島由紀夫を尊敬していて、『宇宙戦艦ヤマト』のファンで松本零士の影響を受けているのだともいう。

そのあたりはやはり、同じ時代を生きてきたのだな、と感じさせられるポイントだ。

『ヤマト』がテレビ放送されたのは昭和49年（74）からのこと。小学生の頃には本当に大好きだった。『あしたのジョー』や『ゲゲゲの鬼太郎』、『ルパン三世』などとともに血となり肉になっている作品だ。

他に挙げたいのは『未来少年コナン』だ。こちらは昭和53年（78）の放送で、NHKのアニメがこんなにおもしろくていいのか⁉と衝撃を受けたものだ。僕ら世代で宮崎駿作品といえば、『未来少年コナン』、『カリオストロの城』、『風の谷のナウシカ』に尽きる。個人的な見解からいえば、『もののけ姫』や『千と千尋の神隠し』などはこの3作品とはくらべられない。

個人的には大人になって松本零士先生の取材ができていることも嬉しい。ペット系の取材だった。『ヤマト』にも登場するミーくんは、先生の飼い猫をモデルにしている。そのことは僕も知っていたが、『ヤマト』の中で佐渡酒造が「さよなら、ミーくん」と口にする回を制作していた昭和49年（74）11月11日に初代ミーくんが死んでしまったのだと、取材のときに教わった。

そのため先生の中では「オレは猫を死なせてまでヤマトをやったんだ」という思いが強くなっているという。もし誰かから『ヤマト』を悪く言われたりすれば、「大事な猫を死なせてまで頑張ったのに何を言うか！」ともなるそうだ。

松本先生のミーくんへの愛はハンパではない。

先生には色紙にミーくんを描いてもらい、いまも僕は家宝のようにしている。ちなみに、もう1枚の色紙にはメーテルを描いてもらい、同行していたスタッフと分けることになった。そのとき僕は、先にミーくんを選ばせてもらった。

その選択には迷わなかったが、森雪ならちょっと悩んでいたかもしれない。

話はずいぶん逸れてしまったが、森雪と美少女戦士たちには共通点がないわけでもない気はする。

カネ以外のものはすべて失った!? 柴田亜美

昭和42年5月24日生まれの**柴田亜美**は、91年に『月刊少年ガンガン』で『**南国少年パプワくん**』の連載を開始した。

正直いえば、この作品も読んだことはないが、アニメ化もされている人気作だ。

柴田亜美という人については、最近、『アウト×デラックス』に出演したのを見て驚いた（２０１９年4月25日放送）。

とにかくアウトな人というか、豪快な人なのだ。

番組の中では、婚約者を年上の女性に寝取られて破談になってしまい、その悲しみを乗り越えて漫画家としてやってきている、ということを自分で告白していた。

「**90年代の漫画家はみんな、カネ以外のものは失ってますよ**」

そう言う彼女は、「担当編集者たちより絶対長生きしてやる！」と声を大きくしていた。

「なんで、自分が死んだあとにあいつらにカネが入んなきゃいけないんだ」というのがその理由だ。

「全員の弔辞を読んでやる！」という言葉はとにかくアツかった。

締切前には2日くらい寝られなくなることも多いため、仮眠で熟睡してしまわないように、ベッドではなく廊下で、枕ではなく木彫りのこけしを頭の下に敷いて大の字で寝ている。

趣味はプロレス！　後楽園ホールに通って、サワー片手に大声を張り上げているばかりか、顔馴染みの若手レスラーたちを自宅に呼んでホームパーティーを開くことも多い。

「この連中はみんな、私のマッスルサプリです。極上のサプリメント！」

そう言い放って、筋肉に囲まれながら飲む酒は、進む、進む。

正体不明になって、やはり廊下で大の字で寝ていた（その様子が放送された）。

幸せなのか不幸なのかわからないが、その姿は、見ている者を幸せな気分にさせてくれる。

こういう人もいるんだなあ、というのが正直な感想だった。

最近になって『**テルマエ・ロマエ**』をヒットさせた**ヤマザキマリ**も昭和42年4月20日生まれの同級生だ。17歳の頃からイタリアで美術史と油絵を学んでいたというから、漫画家としては異色の経歴だ。命の危険もあるような交通事故にあったこともあるようだし、イタリア人と恋をしたこともあるそうだ（長くイタリアに住んでいれば、不思議なことではないけれど）。

『テルマエ・ロマエ』は、２０１２年に映画化もされ、その映画もヒットした。その際、「**原作使用料が驚くほど少なかった**」とテレビでぶっちゃけたことでも話題になった。

昭和42年生まれは、性格がストレートすぎるのか、嘘が苦手なのか。こんなかたちで世間を騒がせてしまうことも少なくないようだ。

キーワードはダイエットと週末!? 伊集院光をはじめとした芸人たち

昭和42年生まれの芸人で、昭和の終わり頃や90年代初頭から活躍できていたなら、成功は早いほうだといえる。

昭和59年（84）に圓楽一門に入門した**伊集院光**（昭和42年11月7日生まれ）は、昭和62年（87）からラジオ番組に出演するようになっていた。そのことから二つ目まで昇進していた落語家を廃業して、タレント&ラジオパーソナリティになっている。落語やラジオの世界で力を発揮しはじめるのは早かったわけだ。

個人的にはテレビ出演も増えていた95年に週刊誌で取材しており、とにかくラジオ愛の強い人だったという印象が強い（ゲーム愛も強かった）。

その当時は自分の体重をウリにもしていて、「**芸能界一の体重**」を守ると話していたが……。その翌年あたりにラジオ番組でダイエット企画を持つと、その企画とともに体重を落としていった。ウソつきだなんて、まったく思わない。「生きる」ということを考えても正解だったはずだ。体重をウリにしてなくても、この人なら、その頭脳とセンスでやっていけるのだから。

松村邦洋（昭和42年8月11日生まれ）は学生時代からモノマネ番組の常連になっていたので、世に出てきたのはやはり早かった。

伝説の番組『**ビートたけしのお笑いウルトラクイズ**』（昭和64年［89］〜）にも参加していたが、まっちゃんといえば、なんといっても『**進め！電波少年**』（92年〜98年）だ。

この番組が「**アポなし**」という言葉を世間に浸透させたのはいうまでもなく、**猿岩石のヒッチハイクなどの企画**も大ヒットさせた。週末の楽しみになっていた番組である。

降板騒動からフェイドアウトしていったけれども、この番組の中で松村は〝他の誰にもやれないようなこと〟をやっていた。

その松村も、伊集院光らと足並みを合わせてダイエットに取り組み始めた。

２００９年には東京マラソンの途中で倒れて一時的に心肺停止状態になってしまったり、２０１６年から２０１７年にかけてはライザップのＣＭを兼ねた減量に取り組んだり……。いい意味でも悪い意味でも体に関するニュースで世間を騒がせている。

モノマネの実力をはじめ、潜在能力は高い芸人である。

週末の顔といえば**中山秀征**（昭和42年7月31日生まれ）もそうだった。

彼の場合は、芸人ではなくタレントになるが……。

中学生だった昭和57年（82）に俳優としてデビューして、昭和60年（85）からはABブラザーズをやっていた。中山秀征といえばやはり92年からレギュラーになった『**DAISUKI!**』が挙げられる。この番組では**飯島直子**と松本明子（昭和41年生まれ）も輝いていて、やはり週末の楽しみになっていた。

中山秀征はその後もずいぶんレギュラー番組を持っている。それも『DAISUKI!』があってのことだったといえるはずだ。長く続いた『**ウチくる!?**』にしても、99年の番組開始当初は中山秀征と飯島直子が同級生コンビを組んでいた。

蛍原徹は昭和43年1月8日生まれなので、早生まれの同級生だ。

宮迫博之（昭和45年生まれ）と「**雨上がり決死隊**」を結成したのが昭和64年（89）のこと。

このコンビ名は、二人そろって**RCサクセションの「雨あがりの夜空に」**が好きだったことから付けられたそうだ。

「雨あがりの夜空に」は昭和55年（80）の曲で、僕たちの中高生時代にはRCのコピーバンドがずいぶん多かった。個人的にもRCサクセションは特別な意味を持つバンドになっている。基本的には洋楽派の僕なのに、好きのひと言では片づけられないものがある。そういう人間は多いはずだ。「雨上がり決死隊」がいつから人気になったのかといえば微妙だが、『**吉本印天然素材**』からだとすれば91年頃からになる（『吉本天然素材』はユニット名であり番組名でもある。『**アメトーク！**』は2003年に始まった）。

変わりゆく新宿と、変わってほしくない玉袋筋太郎

今回、本書にも登場してもらった**玉袋筋太郎**さんは昭和42年6月22日生まれ。プロレス関係の記事のために過去にも3度ほどインタビューをしていた。

なんというのか、ものすごく取材のしやすい素敵な人だ。テレビの中の玉袋筋太郎そのままで、とにかく人当たりのいい江戸っ子だ。

玉袋筋太郎と水道橋博士（昭和37年生まれ）が**浅草キッド**を組んだのは昭和62年（87）のこと。いろいろ苦労しながらも次第に力が認められていったコンビであり、92年からは『**浅草橋ヤング洋品店**』にも出演していた。

この番組のスタートは火曜だったが、半年で時間帯が移って、やはり日曜の楽しみになった。いろいろな人をスターに育て上げた、いい番組だった。95年に『**ＡＳＡＹＡＮ**』となってからは、

玉袋筋太郎『新宿スペースインベーダー昭和少年凸凹伝』（新潮文庫）

モーニング娘。などを輩出することになったが、個人的にはそれよりシロウトというか、芸能人ではない人たちの活躍ぶりのほうが楽しかった。たとえば周富徳や金萬福らがそう。この二人をスターにしたのはこの番組であり、浅草キッドだったといえる。

玉袋筋太郎の自伝的小説に『**新宿スペースインベーダー　昭和少年凸凹伝**』がある。

さすがは昭和42年生まれだ。この作品の中で語られている子供の頃にやったというボクシング大会では、「ホセ・メンドーサのコークスクリュー」を繰り出す者もいれば、「ギャラクティカマグナム」を繰り出す者もいた。注釈は必要ないだろう。前者は『あしたのジョー』のクライマックスの鍵を握るパンチであり、後者は『**リングにかけろ**』の中で剣崎順がフィニッシュブローにしていたパンチである。車田正美の『リングにかけろ』（昭和52年〔77〕から56年〔81〕にかけて『週刊少年ジャンプ』で連載）も、僕たち世代にはファンの多い作品だ。僕も好きだった。

だが、ギャラクティカマグナムを真似てシャドウする子に対しては、別の少年がこう非難する。

「**あのパンチはボクシングじゃねえよ！**」

……言いたいことはわかる。

主人公の高嶺竜児は、左右のワンツーやブーメランフックといった比較的リアルなパンチを習得していったのに、剣崎順がギャラクティカマグナムやギャラクティカファントムを繰り出すと、リングには隕石や惑星のようなものが飛んできたのだ。

実際に飛んでいるわけではなく、イメージ描写なのかもしれないけれど、相手を一発でリング外に吹き飛ばす、とんでもないパンチだった。

従来のボクシング漫画とは一線を画す〝新時代ボクシング漫画〟の幕開けを告げるようなパンチだった。もっといえば、このパンチによって『ジャンプ』はジャンプになったという見方もできる。そういう意味でいえば革命的な漫画である。

それでもやはり、『あしたのジョー』と同じ目線では語れない。「あのパンチはボクシングじゃねえよ！」という言葉は、そういった近代文学史（漫画史）的な意味も持っている。

『新宿スペースインベーダー』の冒頭には、43歳になった主人公が酔っ払い、生まれ育った西新宿を歩いていく場面がある（玉袋筋太郎は新宿で育っている）。

そのときに主人公の男はこう毒づいている。

「ったく、こんなところにこんなビル建てやがって～ここは佐藤の家だったなぁ～」

「よしっ！　野村ビルぅ～、安田生命ビルぅ～、三井ビルぅ～、三角ビルぅ～、京王プラザぁ～あるある！　よしよし！　みんなオレ達の遊び場だってんだよぅ～ったく、なんだよあの都庁はよぅ～あそこはぁ～浄水場の跡にぃ～空き地になって4号地ってよぅ～オレ達が少年野球やってたんだよぅ～あんなバカでかいの建てやがってぇ～バカ野郎～っ」

……新宿の風景は変わった。

当たり前のことだけど、18歳で東京に出てきた僕などよりはるかに強く玉袋筋太郎はそれを感じて、その変化を嘆いている。

新しくつくりだされたものが常に歓迎されるとは限らないということだ。

変わってほしくないものもある。

異例のスピードで出世した天海祐希

天海祐希（昭和42年8月8日生まれ）が宝塚歌劇団に入団したのは昭和62年（87）だ。

宝塚ウォッチャーでなければ宝塚を退団した95年以降の活躍のほうが馴染み深くても、93年には**月組トップスター**になっていた。

大地真央と比較されることも多く、出世のスピードは記録的だったようだ。

自著『**明日吹く風のために……**』によれば、彼女もまた大林素子のように子供の頃から背の高さをコンプレックスにしていたらしい。

天海祐希『明日吹く風のために……』(講談社)

「思春期の中学生の頃は、どんどん伸びていく身長がイヤでイヤで仕方がなかった。私も、**普通の〝可愛い女の子〟になりたいと切望していた**」と書かれている。

新人公演で主役になると、「抜擢」という言い方がされ、「目立つ」ことの意味を知ったともいう。こうも書かれている。

「私はなぜ自分がそのように〝抜擢〟されるのか理解できなかったが、ただ、私が目立つ場所に立たされていることだけは痛いほどに感じた。

目立つこと——下級生の私にとって、それは、とても心細い状態に置かれることだった」

少女時代も宝塚時代も、さまざまな葛藤があったには違いない。

早い時期から目立つということの難しさは、その立場になってみなければわからない。

世間を騒がせ続けた林葉直子

早い時期から目立ち、さまざまなかたちで〝ニュース〟になり続けていたのが**林葉直子**だ。

昭和43年1月24日生まれなので、早生まれの同級生だ。

昭和54年（79）に、11歳で女流アマ名人戦で優勝。

翌年、プロになり、昭和57年（82）には14歳で女流王将になっている。

ここまでなら早熟の天才女流棋士ということになるが、彼女はそれだけでは終わらなかった。

というよりも、この段階では始まっていなかったといってもいい。

「セーラー服の天才棋士」と呼ばれて活躍を続けていた彼女はやがて、CMに出演したりグラビアに出るなどのタレント活動も始めたのだ。それればかりか、小説までを書き始めた。

本人いわく、「知性のカケラもなく、ただ肌を見せただけみたいに思われるのがシャク」だから小説を書き始めたのだという（『週刊現代』１９８８年5月14日号より）。

そもそも天才少女としてキャリアをスタートさせているのだから知性のカケラもないとは誰も思わないはずだが、こうしたところに「天才」と呼ばれる者ゆえのプライドがあるのだろう。

この頃には、彼女が書いた小説**『とんでもポリスは恋泥棒』**を**南野陽子**主演で映画化する話が進んでいた。直前で中止になっており、南野陽子が難色を示したともいわれているが、真相はわからない。実現していれば異色の同級生カップリングになっていたのだから惜しい話だ。

94年には**「サイババのところへ行く」**と日本将棋連盟に休養願を出して、消息不明になる**失踪騒動**もあった。この際には父親との確執が背景にあるのではないかなど、さまざまなことが言われた。

さらに95年にはヘアヌード写真集を発表！

98年には中原誠永世十段との不倫が発覚している。このとき中原永世十段が林葉宅の留守番電話に「**いまから突入しまーす**」、「お前みたいなのは早く死んじまえ！　エイズにでもなんでもかかっちゃえばいいんだよ！」といったメッセージを残していたことも話題になった。

振り返ってみれば、以前のインタビュー記事の中で彼女は次のようにも話していた。

「（恋に関しては）中学生じゃないんだってくらい、おく手」

「同世代の男友達がいないんです。哀しいことに。迫力があって、怖いって言うんですよ」（『宝島30』１９９５年4月号より）

小学生のうちに内弟子として米長邦雄永世棋聖宅に住み込むようになっていたのだから、普通に異性を見ることは難しくなっていたのだろう。それも仕方がないことだ。

同じ内弟子として3年間過ごしていた先崎学（昭和45年生まれ、現九段）はこう回顧している。

「よくケンカしましたねえ。最初に内弟子に入った夜から枕投げをやって大騒ぎ。毎日が戦争みたいでね。林葉さんは３つ年上だから、よくいじめられて、その復讐戦だといって包丁持って追いかけ回してました（笑）」（『アサヒ芸能』１９９２年6月18日号より）。

彼女のニュースは、不倫騒動でも終わらなかった。さらに……。

豊胸手術を行なったということ。

タロット占い師に転身したということ。

事業に失敗して自己破産したこと。

……など、断続的にニュースが伝えられてきた。

2014年には**重度の肝硬変**だということを明かして『**遺言——最後の食卓**』という著書を出している。その中には、これまで世間を騒がせたニュースに対する回答のようなものも見られる。

いわく、「父はDV男だった」。

いわく、「なんでヘアヌードになったりしたのか？　と聞かれれば、誰かの愛人になるよりはマシだから。固定資産税払うために一肌脱いだのだが、その身体を張った税金をお国はちゃんとしたところに使ってくれているのかしら？」

いわく、「不倫してたときは20代」。「赤いバラをもらったこともある。『ありがとう』と言われたこともある。でも、それは子どもを堕ろした日」

いわく、「もしも、肝硬変のレベルがあるとしたら、震度7ぐらいの肝臓の私。今は少しよくなってきたが、一番ひどいときは腹水が出て、肝臓が水に浮かんでいるような状態だったそうだ」

気取りも装飾もない、あけすけな文章だ。

だからこそ、ところどころ心に沁みる。

世間を騒がせ続けてきた彼女が教えてくれるのは、生きることの難しさであり愉しさだ。

早熟の天才として世に出てくれば、そこから先、生きていくのはラクじゃない。

昭和42年の風景④
深夜ラジオが僕たちの“センセイ”だった

昭和42年（67）10月2日、ニッポン放送の『オールナイトニッポン』が始まった。初回放送のDJはニッポン放送アナウンサーの糸居五郎という人だった……らしい。

その記憶がないのは当然だが、僕たち昭和42年生まれの人間は『オールナイトニッポン』とともに年齢を重ねてきたことになる。

オールナイトニッポンと聞いて誰を思い出すかは人それぞれだとしても、間違いなく名前が挙げられるのが**笑福亭鶴光**だ。

昭和49年（74）から60年（85）にかけて番組をやっていたのだから、とにかく長かった。小学生低学年のあいだは聞けなかったが、高学年になって友達の家にお泊りしたようなときにこっそり聞いたことがある。鶴光のオールナイトニッポンを聞くことは“オトナになる一歩”に近い意味を持っていた。

「わんばんこ！　鶴光でおま。ええか、ええか、ええのんか〜」

こうしたお馴染みのフレーズは僕たち子供もよく口にしていた。子供の嗅覚は下品に対して鋭い。

中高生になると、『オールナイトニッポン』をはじめとしたラジオは“試験勉強や受験勉強の友”になった。遅くまで勉強していたからラジオを聞いていたのか、ラジオを聞きたいから遅くまで勉強していたのか……、どちらなのかわからない中高生は多かったはずだ。

僕がよく聞いていたのは**文化放送の『ミスDJリクエストパレード』**だ。昭和56年（81）から60年

（85）にかけて放送されていた番組で、ＤＪは現役女子大生！　僕の地元はテレビの『オールナイトフジ』が放送されていない地域だったこともあり、この番組で〝女子大生〟というものを感じていたわけだ。

「よく聞いていた」と書いたが、実際に聞いていたのは火曜の深夜だけに近かった。

ＤＪは川島なお美（青山学院、昭和35年［60］生まれ）だ。『お笑いマンガ道場』もよく見ていたし、中学生の頃には彼女のちょっとエロいグラビアを透明下敷に挟んでもいた。セミヌードに近い写真集を買ったこともあった気がするが、ヘアヌード写真集を出した頃（93年）になると複雑な思いしかなかった。だが、さらに月日が過ぎた２０１４年５月26日に彼女のインタビューをしている。それは本当にうれしかった。そのときにはつい「『ミスＤＪヒットパレード』も聞いてました！」と言ってしまい、「『リクエストパレード』ね!!」と訂正された。この原稿は『角川ｏｎｅテーマ21　私の死生観』にまとめている（『ミスＤＪ』のことは書いていない）。彼女が生と死について語った最後のロングインタビューになっているはずだ。強くて素晴らしい人だった！

僕たちとラジオやテレビの関わりについて書こうと思っていたら、「川島なお美の話」になり、テレビについてはほとんど触れていないうちにページが埋まってしまった。かといって、いまさらこの部分は消す気にはなれない。

テレビ番組についてひとつだけ。

〝夜の情報〟という意味で『オールナイトニッポン』に近い役割を果たしていたのは、なんといっても『11ＰＭ』だ。こちらは昭和40年（65）から平成２年（90）までの放送となる。

中高生の頃には親の目を盗んで「秘湯の旅」を見るだけでも喜びだった。ネットのない時代の中高生はそんな夜を過ごしていたものだ。

第5章

絶望と希望と。

93年Jリーグ開幕！　アルシンドになっちゃうよ

93年に**Jリーグは開幕**した。

すでにバブルは崩壊していたと定義されながらも実際にはまだ世の中が浮かれていた頃だ。**清原和博**は西武の黄金時代にあって4番打者としての務めを果たしていた時期になる。この頃の西武はとにかく強く、90年から94年まで5年連続リーグ優勝していた。**桑田真澄**は87年から92年まで6年連続2桁勝利を挙げていながら、この頃には負け試合も目立ちだしていた。「連勝ストッパー」と呼ばれたり「野手転向論」が浮上するなど、苦労していた。

僕も苦労していた。社会に出て4年目となるこの頃にはすでに3つめの会社に流れていた。商社、広告会社を経て出版社に入ったのだ。自分で望んだこととはいえ、身分はアルバイトだった。


Jリーグの開幕はとにかく派手だった。

ゴールデンタイムの地上波放送。

開幕戦はヴェルディ川崎vs横浜マリノス。TUBEの前田亘輝が君が代を独唱したり、レーザー光線やサーチライトを使いまくったりするなど、演出も浮かれていた。

ピッチには、**三浦知良**がいて、**武田修宏**がいて、やはり同級生になる**井原正巳**（昭和42年9月18

日生まれ）がいた。

井原は90年代後半に日本代表のキャプテンとなり、「**アジアの壁**」と呼ばれた男だ。同級生選手たちは25歳か26歳になっていた。

油がのっている時期だ。選手としてだけではなく男としても油がのっている。急に金回りがよくなったのだろう武田たちが六本木通いを始めたのもわからなくはない。


初年度のJリーグに参加したのは10クラブ。流行語にもなった「**Vゴール**」**方式**が導入され、最初のサントリーシリーズ（2シーズン制）は鹿島アントラーズが優勝した。

鹿島には**ジーコ**やアルシンドがいた。

のちに取材した当時のJリーガーは「ジーコにはプロ意識を教わった。スナック菓子を食べてはいけないとか……」と話していた。ちょっと情けないレベルの話だが、そうして日本のサッカーは少しずつ変わっていったのだろう。

アルシンドも同級生だ。

昭和で表記すると違和感があるので西暦にすると、１９６７年10月21日生まれ。アデランスのCMに出演するなど、この頃のJリーグを代表する人気者だった。

「**アルシンドになっちゃうよ！**」

「**友達ならあたりまえ**」

フランシスコ・ザビエルのような髪型というかハゲ。陽気な性格が彼の魅力になっていた。ジーコに誘われて年俸も確認しないまま入団したというが、年俸よりもアデランスのCMに出たギャラのほうが高かったそうだ。そのおかげもあってか、引退後はブラジルで巨大な農場を経営している。日本のことは愛してくれていて、震災復興チャリティーイベントなどでも来日している。

Jリーグ開幕の年に起きたドーハの悲劇

Jリーグ開幕の年、ゴンこと**中山雅史**（昭和42年9月23日生まれ）は、Jリーグのピッチには立っていなかった。JFLのヤマハ発動機（ジュビロ磐田の前身）にいて、この年、JFLで2位になったことにより、翌94年からJリーグで戦うようになったのだ。

ゴンは、自分でこう言っている。

「小学4年生でサッカーを始めてから中学、高校、大学、ヤマハ、ジュビロ磐田と所属先のレベルが上がるにつれ、**『僕はサッカーが下手だったんだ』**ということに、気づかされていきました」（電子版『日経ビジネス　アソシエ Selection』より）

J1では通算157ゴールを挙げているが、本人はそれもチームメイトのレベルの高さに助けられた結果だと考えているようだ。自分のポジションに高原直泰や前田遼一がいたなら200や300ゴールは挙げられていただろうとも言っている。

とはいえ、自分で言うほどサッカーが下手だったわけではもちろんない。そんな選手がプロや代表選手になるはずがない。あくまでもテクニシャンタイプではなかったという意味に捉えておくべきだ。Jリーグが開幕する前には、ヤマハが初年度の10クラブに入れなかったことから、ゴンはJリーグのチームから誘いを受けている。それだけ実力も人気もある選手だったということだ。それを断わりヤマハに残った。誘いを受ければ〝ブーム〟のど真ん中に入れたにもかかわらず、断わっているのもゴンらしい。

Jリーグ開幕時に他チームからオファーがあったのも当然で、それ以前の90年から日本代表に選出されるようにもなっていた。

93年10月の「**ドーハの悲劇**」でもスターティングメンバーとしてピッチに立っていた。勝てば、はじめてのワールドカップ出場の切符が摑めていたイラク戦。ゴンは勝ち越しゴールを決めたが、後半途中に交代しており、問題の場面ではベンチにいた。

ロスタイム、終了間際に許したイラクのコーナーキック。

その場面さえしのげばワールドカップ出場の切符を手にできていたところで、相手がヘディングしたボールは日本のゴールに吸い込まれていった。

次の瞬間、ゴンは地面に倒れ込んでいた。

日本のサッカー界、そしてカズとゴンの運命を大きく変えた瞬間だった。

その後にゴンはこんな言葉を口にしていた。

「ワールドカップ出場を夢と考えていたからいけないんですよね。**夢は夢でしかない**。もうこれからは目標というか、単なる通過点として考えればいいんですよ」（『Ｎｕｍｂｅｒ』１９９３年12月5日号より）

あきらめない男、中山雅史

ゴンの特徴は泥臭いプレースタイルにあるといっていい。

先に挙げた『日経ビジネス』の記事の中ではこうも言っている。

「1つだけ自分の強みというか信条を挙げるとしたら、やはり『何が何でもボールに食らいつく』ということだと思います。つまり、**『偶然』を『必然』にしたかったんです**」

「たまたまゴール前にいた選手が、偶然足もとに転がってきたボールをちょんと蹴って得点を挙げることを、『ごっつあんゴール』と言います。確かに、たまたまゴール前にいたら『偶然』のゴールですが、ゴール前に絶えず行き続けていたら『必然』のゴールになるわけです。その『必然』を生み続けることが、自分の役割や価値だと思っていました。試合で僕は、絶えずゴールに向かって走り続けられるかどうかの**フィジカルと精神力の勝負**をしていたんです」

ゴンらしい言葉だ。

だからこそ、ドーハの悲劇のあとにはこうも言っていた。

「大会前は、これが最後かなと思っていたんですよ、ワールドカップを目指して代表としてやっていくのは。体を張ってボールを追うというのが、僕のプレイスタイルでしょう。とすると、**次はもう30歳だから、やっぱりきついかなと**。その頃には若手が出てきているだろうから、代表にも入れてもらえないかもしれないなと思っていたんです。でも、もう一回挑戦してやれって気持ちになっていますよ。30歳が何だ、体力を維持していけばいいんだし、これから出てくるだろう若手に負けないように頑張ればいいんだから、とね。30歳で駄目だったら34歳でやってやるし、それでも駄目だったら38歳でやってやりますからね。**絶対に諦めない**ですよ」（『Ｎｕｍｂｅｒ』１９９３年12月５日号より）

この言葉を現実にするように、ゴンは98年にフランスワールドカップのピッチに立ち、日本人初ゴールを決めている。その試合では、途中で足を骨折していながら最後までピッチに立ち続けていたことがあとからわかった。

さらに２００２年の日韓ワールドカップではムードメイカー的な意味も含めて土壇場になってメンバーに選出された。このときには背番号10番を付け、中田英寿からは「ゴンちゃん、似合わねえーよ」と言われたそうだ。途中交代ながらワールドカップのピッチに立っている。35歳になる年の34歳だった。

42歳になると、所属するジュビロからはスタッフになるように求められたが、現役にこだわったゴンはコンサドーレ札幌に移籍した。

札幌でプレーしたのは2010年からだ。だが、ヒザの状態が悪く、2011年は試合出場がなく、2012年は1試合のみの出場となった。その年にはもう痛み止めも満足に効かなくなり、「このまま運動を続ければ骨が壊死する」と言われる状態になっていたようだ。このあたりの事情は自著**『魂の在処』**に詳しい。

それでも試合に出ることをあきらめず、やれる限りのことはやっていた。単に立ち上がるだけでも激痛がはしるので、立つだけでも勇気が必要な時期もあったという。

そんな日々の果てにシーズン末になって1試合だけ途中出場できたが、そこが限界だった。

12月には事実上の引退会見を開いた。

そこでゴンは、「**まだ未練たらたらです**。これでリハビリを終えるつもりもないですし、またバリバリになったらカムバックするかもしれません」と言って、完全引退ではないことを含ませた。

実際に2015年になって**JFLのアスルクラロ沼津**（現、J3）に入団している。出場は練習試合だけにとどまりながら、その後もかたちのうえでは契約更新されている。

終わらない男だ。

ゴンは96年に女優の**生田智子**と結婚している。

彼女は昭和42年2月13日生まれなので、1学年上の同年生まれだ。

ドーハの悲劇の5カ月ほど前、ゴンは雑誌のインタビューでこう話していた。

「カズさんにはね、〝**女は自然に見つかるから**〟って、アドバイスを受けているんですよ」（『微笑』1993年6月12日号より）

そう言いながらもゴンは、カズが開いた食事会で生田智子と出会ったようだ。その会はおそらく、このように発言していた前後の時期に開かれていたはずだ。

ドーハの悲劇のあと、ゴンを励まそうとして電話をかけた、と生田智子が振り返っている。

中山雅史、時見宗和『魂の在処』（幻冬舎）

カズとゴンの出会いは高3のときにまで遡る。

といっても、カズは覚えてないかもしれない。

高校を中退してブラジルに渡っていたカズがキンゼ・デ・ジャウーの一員として日本に戻ってきたとき、ゴンのいた藤枝東と試合をしているのだ。

のちにゴンはそのときの印象をこう回顧している。

「強烈でしたよ。**またぐまたぐ！**　すげーな、と思いました」

カズとゴンの関わりは、長く、深い。

日本サッカーの歴史を振り返るにあたっても、真っ先に名前が挙げられる二人である。

“平成の牛若丸”舞の海は土俵の上を飛んでいた

Jリーグの開幕前後から活躍が目立ちはじめたアスリートは他にもいる。

早生まれ（昭和43年2月17日生まれ）の**舞の海**もそうだ。

猫騙しや三所攻め、居反り、八艘跳び（！）など、それまで見たことがなかったような秘技の数々を繰り出したことから、「**技のデパート**」、「**平成の牛若丸**」などと呼ばれた（「猫騙し」は決まり手ではないが相撲の戦法のひとつ。「八艘跳び」は当時の二子山理事長＝初代若乃花がそう呼んだ立ち合い時のジャンプのこと）。

オンリーワンの力士だったといえる。

幕内に入ったのが１９９１年の九月場所で、その後すぐこうした技を見せはじめ、94年九月場所で小結に昇進している。

舞の海といえば、もうひとつ有名なエピソードがある。

新弟子検査のときに身長が１６９センチしかなく、当時の規定に足りなかったため、**頭にシリコンを入れて合格**したことだ。大学を出て、高校の教員採用試験（社会科教員）にまで合格していながら、そこまでして角界に身を投じたわけだ。

つらかった1995年に松岡修造は輝いた。引退後は……

いまもテレビで見かけない日はない**松岡修造**は昭和42年11月6日生まれ。

曽祖父は阪急・東宝グループの創始者で宝塚歌劇団をつくったことでも知られる小林一三で、父親はテニス選手でもあった実業家、母親は元タカラジェンヌという〝恐るべき家系〟だ。

本格的にテニスを始めたあとには一度、父親から「テニスはやめろ。もう金は出さない」と言われていたらしい。そこで松岡少年は「家で皿洗いをするから、続けさせてください」と頼んで、実際にそうしたそうだ（『週刊文春』２０００年8月17・24日号掲載「家の履歴書」より）。

19歳でプロ転向したときも、援助はなく、節約に節約を重ねるような生活をしていた。

昭和63年（88）には世界ランクで１００位内に入ったが、その後は、ヒザや足首を故障するなど、ケガとの戦いが続いた。

現役続行は無理だと見られていた時期もありながら復帰を果たした。

そして92年には日本の男子選手としては初となるＡＴＰツアーシングルスで優勝！　**95年にはウインブルドンでベスト8に入る快挙を成し遂げた。**

95年は松岡修造だけでなく、日本という国にとっても、僕にとっても〝転機〟になる年だった。

この年の僕は4つめの会社に移り、ある週刊誌編集部で編集スタッフになっていたので、当時の出来事をよく覚えている。

1月17日には**阪神淡路大震災**が起きた。

地下鉄サリン事件が発生したのが3月20日だ。

その後に僕は、南青山の東京総本部に〝ああいえば上祐〟氏の取材に行った。東京総本部の入り口の前にはものすごい数の報道陣が列を成していた。おそらくは、建物に入っていく人間はとりあえず誰でも写真を撮って押さえておくということになっていたのだろう。僕にまで何十台というカメラのレンズが向けられ、一斉にシャッターが切られた。

あれほどの数のカメラが向けられたことはそれまでなかったし、これからもないはずだ。

阪神淡路大震災の被害は大きく、一連のオウム事件は世紀末感をにおわせた。

そんなつらく厳しい年だった。

そうした中にあって勇気となったのが、「がんばろうKOBE」を合言葉にしていたオリックスで「打者五冠」（首位打者、打点王、最多安打、最高出塁率、盗塁王）を達成したイチローであり、このシーズンからドジャーズに移籍して活躍した野茂英雄であり、松岡修造だったのだ。

昭和48年生まれのイチロー、昭和43年生まれの野茂にくらべれば松岡修造のインパクトは落ちたけれども、ウインブルドンでのベスト8は、錦織圭や大坂なおみが現われる以前の日本テニス界においては、ものすごく価値のあるニュースだった。

松岡修造は98年に引退。

記者会見では「**引退ではなく卒業**。新しい修造の始まり」と言ったように、その後はある意味、現役時代より目立っている。


2002年のソルトレイクオリンピックでは、民放局のメインキャスターとして現地に入っていながら、応援がうるさすぎたり、入ってはいけない場所に入ったりして注意もされていた。

この頃は正直、ひどい……と感じていたというか、言っては悪いが日本の恥くらいに思っていた。

このとき、ともにキャスターを務めていたのが長嶋一茂だったのだから（一茂は昭和41年1月生まれなので2学年上）、ある意味、最悪のコンビといえた。

だが、その一茂は最近、テレビで「オレはシュウシュウ（松岡修造）とソルトレイクを一緒にやらせてもらったけど、本当にやりづらかった」と発言！　この〝裏切りのひと言〟にはさすがに「どっちもどっちだろ！」とツッコミたくなったものだ。

ソルトレイクの頃、松岡修造が同級生だとは忘れていたし、うるさすぎる、アツすぎる、ということで、正直いえば、好きではなかった。

「テレビを消したい気持ちにさせるタレント」か何かのランキングで1位になったこともあるはずなので、僕と同じ気持ちの人は多かったのだろう。

だが、アツい気持ちはいつか人に伝わる。

そのうるささが次第に心地良くなってきたというのか……。心地良くまではなってないにしても、〝笑いの対象〟になり〝感動の対象〟になっていったのだ。いま、テレビで松岡修造を見るのは楽しいし、一茂が出ている番組もわりと積極的に見ている。

とはいえ、**『まいにち、修造！』**という**日めくりカレンダー**が売れまくったときにはさすがに驚いた。みんな、そこまでアツ苦しいことを求めたいのか、と思うけれども、どうなのだろうか？

「考えろ！　考えるな！」

「自分を持ちたいなら、サバになれ！」

「僕は春夏秋冬、いつも紅葉している」

などなど。

頭にクエスチョンマークが浮かぶ言葉もあるとはいえ、ついニヤリとしてしまうし、元気になる……といえば元気になるかもしれない。

どこまでが天然で、どこまでが自己演出なのか？

その境界はわかりにくいが、自著**『挫折を愛する』**の中で松岡修造はこう書いている。

「人を取り巻く状況が良くも悪くもさまざまに変わるなか、そのときそのとき、何をどこまでやれば納得できるのか――。その答えは、自分のなかにしかないのです」

「人生には、予想もしない出来事が起こります。十代、二十代の頃に思い描いていた人生を、そのまま生きていける人はほとんどいないでしょう。（中略）僕自身、現役を退いてからの人生は予想もしなかった展開です」

「でも、僕は思うのです。**予想できる人生なんて、それほど面白いものじゃないだろうな。**予想外の人生になっても、今が幸せならそれでいいんじゃないかな、と」

曲がりくねった道を生きていると自覚する昭和42年生まれの人間ならば、肝に銘じておきたい言葉だ。やはりシュウシュウはただ者ではない。

清原和博、苦悩の9年間の始まり

96年オフ、清原和博は**巨人に移籍**した。

29歳だった。

FA権のシステムが日本のプロ野球に導入されたのは93年オフのことであり、当時はいまよりFA権を取得しにくかった。95年シーズンにようやくFA権を取れたものの、その年は肩を脱臼するなどして充分に活躍できていなかったこともあり、清原は96年を西武でプレーした。そのうえでオフにFA宣言している。西武には11年間、在籍したことになる。

このとき清原獲得に動いたのは巨人と阪神だった。**阪神の吉田義男監督が「清原が来てくれるなら縦縞を横縞に変えてもいい」**と言い、**巨人の長嶋茂雄監督が「僕の胸に飛び込んできなさい」**とラブコールを送ったというのはよく知られているエピソードだ。

阪神ファンに限らず、阪神を選んでほしいと願っていた人は多かったはずだ。

それでも清原は、巨人を選んだ。

桑田もいる巨人だ。

自分を裏切った巨人である。

のちに清原が明かしたところによれば、阪神が提示した条件は「巨人の倍」といえるほど破格のものだったそうだ。

巨人との交渉の際に清原はまず、「11年前のことが整理できていないので、**ドラフトのことを謝ってもらえないか**」というところから話を始めていたらしい。

それでも巨人を選んだのだから「三つ子の魂、百まで」というしかない。

清原の心が阪神に傾いていたとき、母親から「自分の夢はいいのか」とあと押しされたようだ。

清原が巨人入団を決めたとき、日本シリーズでその涙を見たときとはまた違った意味で、バカだなあと思ったものだ。

いや、純すぎるという意味では同じかもしれない。

もしこのとき西武に残るか、阪神を選んでいたなら、清原はいまもなお野球界にいたのではないだろうか？　もしかしたら監督になっていたかもしれないし、そうでなくてもタレントとして幅広く活躍できていた気はする。

清原は、自分でもそれがわかっているのだろう。

だからこそ自著『**清原和博　告白**』の中でこう振り返っている。

「今回の事件もそうなんですけど……、僕の人生の中で、もしあのドラフトで巨人に指名されていたらとか、その後、ＦＡで巨人に行っていなければ今回のような事件を起こしていなかったのではないかとか、そういうことは思わないようにしています。

そういう風に思い始めるとすべてがそうなってしまうんで……すべてが自分にとって必要なことだったんだ、と。起こったことはすべて良しとして、自分だけはそう思っていかないと、もう後悔まみれの人生になってしまうんで……」

『清原和博　告白』（文藝春秋）

清原は結局、巨人で9年間を過ごすことになる。清原自身、のちに「人生の縮図」という言い方もしているが、いろいろなことがあった9年間だ。

いいことも……あるにはあったのだろう。

巨人でも2度、日本一になっているし、巨人にいたあいだに結婚もしている。のちに離婚はしているけれど、モデルをやっている美しい女性だ。

第三者の目からいえば、いいことはそれくらいしか思いつかないのに対し、悪いこと、つらかっただろうことは、挙げていけばキリがない。

その核心にあるのは、期待されたほどの成績が残せなかった、ということだ。

ケガや故障が相次ぎ、万全の状態で試合に臨めること自体、少なくなっていた。

その関係もあってか、筋トレに精を出すようになり、プロ野球選手というよりプロレスラーばりのムキムキの体に変貌していった。

本人にとっては自慢のボディであっても、ハタから見れば、なんだかなあ、ではあった。

足を痛めて二軍に落ちた際には、かのナベツネが「これで勝利の要因が増えた」という発言もしていた。それまた、なんだかなあ、である。というよりも、上に立つ者として、そんな言葉を口にするのは、人として悲しい。

不振のため、スタンドのファンから応援をストライキされたこともあった。清原にとってはそれがいちばんつらかったようだ。

2004年シーズンから指揮を執るようになった堀内恒夫監督とのあいだにも確執があったようにも報道されていた。

巨人で過ごした最後の年となる2005年には耳にピアスを付けたことも問題視された。清原自身は、決意の表われとしてピアスを付けたらしい。

自分を追い込むためのことだった。

苦悩の9年間である。

この9年間のうちには**護摩行**をしてバットに「南無大師遍照金剛」と書いていたこともあった。

暗いトンネルの中にいた清原は、こんな発言もしている。

「小学生のころからずっと野球を続けてきて、もう25年以上になるんかなあ……。**もう一度な、もう1年だけでもいいから、万全の体で野球がやってみたいんや**」（『Ｎｕｍｂｅｒ』２００3年5月15日より）

この頃の清原のすべてを物語る、心の叫びだといえる。

もちろん、こうした望みをいだくのは清原に限ったことではない。ベテランになればアスリートの多くは自分の体と戦うことになっていく。

ただ、清原の場合はその苦しみが並大抵のものではなかったということだ。

新語・流行語大賞も取った大魔神、佐々木主浩

ここでいったん清原の話は止めて、時間を90年代後半に戻す――。

清原の巨人時代に重なるこの時期は、**佐々木主浩の全盛期**にもあたった。

佐々木は昭和43年2月22日生まれで、早生まれの同級生だ。

数字の符合として不思議な話だが、佐々木が生まれたのは2月22日の午後2時22分で、当時のスカウト部長が背番号22を用意したのは偶然だったといわれる。

それはともかく、佐々木は大学を出ているので、89年オフのドラフトで横浜大洋ホエールズに入団。3年目の92年に最優秀救援投手になっている。

清原が巨人に入った97年頃から圧巻のピッチングで世間をうならせ、98年には**「ハマの大魔神」**という異名が新語・流行語大賞を受賞した。

2000年からはメジャーのマリナーズで活躍！

その後、横浜に戻って現役生活の幕を閉じている。同級生野球選手は他にも多いが、記録と記憶に残る選手としてはKKコンビとともに外せない一人だ。

清原が事件を起こしたときにも「**親友だから**」と情状証人になったように男気のある人物である。

一応、付け加えておけば、現役引退後には「馬主」としても成功している。

98年ワールドカップ、三浦知良は戦うことなくフランスをあとにした

98年は、**日本サッカーがはじめてのワールドカップに挑んだ年**だ。

いまさら確認するまでもなく……、このとき**三浦知良**は、大会直前の6月2日になり合宿地のスイスで最終メンバーから外された。

あの日から21年が過ぎて、令和という時代を迎えても、**カズは〝昭和42年生まれの希望〟**になっている。早生まれで学年は違うが、昭和42年2月26日生まれだ。

「**外れるのはカズ、三浦カズ……**」

岡田武史監督の選択は20年以上経ったいまでも「正しかったのか?」と問われ、〝日本サッカー史最大の事件〟のひとつに数えられている。

前年のカズは、故障に悩まされてコンディションを落としていた。冷静な目で戦力分析すれば、25人の合宿メンバーのうちから外される3人に含まれてしまってもおかしくなかった……とはいえる。

だがカズは、ブラジルから戻ってきた90年から代表に入り、活躍を続けてきた選手だ。代表を牽引してきたというだけではなく、**日本サッカー界を牽引してきた選手であり人間**だ。

このときの最終予選でも本領発揮はできていなかったとはいえ、カズがいなかったなら、日本代表はフランスワールドカップのピッチにたどり着けていなかったのではないかと思う。

前大会にしても、「ドーハの悲劇」が起こる以前の問題として、ワールドカップ出場に手が届きかけるようなこともなかったはずだ。

正直にいえば、98年の僕はどちらかというとカズ不要論に立っていた。

4つめの会社も辞めてフリーランスになっていた当時、ワールドカップ関連本を編集していながらその気持ちを活字にしたことはなかったが(カズ不要論に立っていたというのはあくまで気持ちのうえではということだ)、岡田監督が口にしていた「ベスト4」などといった目標は不可能だと心の中では決めつけていた。ワールドカップはそんなにあまいものじゃない。グループリーグで1勝、あるいは1引き分けできれば最高の成果ではないかと考えていたのだ。

だとすれば、次の世代に経験を積ませることも大切ではないかという気持ちが強かった。30歳や31歳の選手、つまりカズやゴン、井原正巳に頼っていては日本サッカーには先がない……。同じ年齢でありながらそんなふうに思っていたのだから僕はバカだった。カズを外した岡田監督のことは責められない。

あのときカズは「**魂を置いてきた**」と言って、帰国した。

いま振り返ってみても、その言葉が心に刺さる。

遡れば90年にブラジルから帰国した際、カズは「**日本をワールドカップに出場させるために帰ってきました**」、「**見ててください。僕が日本を変えてみせます**」と話していた。

あの時代、そんなことを口にできる選手は他にいなかった。

カズがそう言った翌日のスポーツ紙では「日本をワールドカップに出場させる」と書かれるのではなく、「日本サッカーの力になりたい」というように書かれていた。どうしてかといえば、ワールドカップ出場ということには現実味がなさすぎたからだ。

カズが帰国する前年の89年には、日本でワールドカップ予選が行なわれていた。このときインドネシア代表を迎えたのは、ピッチが泥だらけの西が丘サッカー場だった。そのためインドネシアの監督は「日本はワールドカップをどう考えているんだ！」と激昂したという。

このあたりの事情は『日刊スポーツ』の記事「平成とは　サッカー編」（２０１9年4月10日付）にまとめられていたことを参照させてもらったが、実際にそんな時代だったのだ。

ワールドカップ後進国だったといっていい。

そこからカズは、本当に日本代表をワールドカップに導いてくれた。

もちろんカズひとりの力ではなかった。Ｊリーグができたことも大きな力になっていたし、選手や関係者それぞれの力があってのことだ。

それでもやはり、日本代表をワールドカップに導いてくれたのはカズだった。

にもかかわらず、そのカズがワールドカップのピッチに立てなかったのだ。


4年後の日韓ワールドカップでは、トルシエ監督は〝スタッフ〟としてカズの代表入りを望んだが、選手としてワールドカップを目指すことにこだわったカズはそれを断った。

その後もカズは２００6年ドイツ大会、10年南アフリカ大会、14年ブラジル大会と、選手としての出場を目指し続けたが、メンバーには選ばれていない。

ただ……、そのあいだにカズは２００５年の**クラブ世界選手権**にシドニーＦＣの選手として出場！　２０１２年には**フットサル日本代表**としてワールドカップ（タイ開催）のピッチに立っている。それぞれに信じられないような〝事件〟だった。

フットサル代表になったときが45歳。

そのときカズは「日本代表の青いユニフォームを着て戦うのは幸せ」と話していた。タイで戦った魂は、フランスに置いてきた魂とは別のものだったはずだが、戦うカズの姿はやはり美しかった。

葉加瀬太郎や秋川雅史も同級生！

清原の苦悩、カズの活躍はこの後も続く。

だが、それを見ていく前に、この時期における他の同級生たちの活躍をまとめておく。足早な解説になるが、この時期にも個性的な才能はみつかるからだ。

バイオリニストとしては異例ともいえる知名度をもつ**葉加瀬太郎**も昭和43年1月23日生まれで、早生まれの同級生だ。

95年にはセリーヌ・ディオンとコラボして、97年にソロデビュー。

98年には『**情熱大陸**』に出演して、あの番組テーマ曲をつくっている。

秋川雅史は昭和42年10月11日生まれ。

もともとクラシックの世界の人なので、海外で活動したり賞を取ったりしていたようだが、2006年に『**千の風になって**』をリリースして大ヒットさせた。

紅白歌合戦に出るなど、誰もに知られる存在になった。

前章では漫画家を紹介したが、小説の世界でも成果をあげている。

95年には東北大学の大学院に在籍していた**瀬名秀明**（昭和43年1月17日生まれ）がホラー小説『**パラサイト・イヴ**』を出し、映画化、ラジオドラマ化されるヒットとなった。

瀬名秀明のその後はあまり聞かないが、もともと専業作家ではない。それでも、この2年後にはSF小説『**BRAIN VALLEY**』で日本SF大賞を受賞。その後は東北大学の特任教授になりロボット工学に関する著書を出したり、「折り紙小説」を書くなど、独自の活動を展開しているようだ。

昭和42年3月8日生まれで1学年上の**角田光代**は90年に海燕新人文学賞を取って作家としてデビュー。2005年には『**対岸の彼女**』で**直木賞**を取っている。

〝必殺仕分け人〟となった蓮舫

異色の同級生として語らないわけにはいかないのは**蓮舫**だ。

昭和42年11月28日生まれ。

青山学院在学中の昭和63年（88）に「フェアレディZを欲しくなった」ことから**クラリオンガー**

ルに応募！　クラリオンガールに選ばれたあとには、実際にフェアレディZも買ったようである。

その後はグラビアアイドルのような活動をしていたが、やがて転機を迎える。

ビートたけし司会の『スーパージョッキー』のアシスタントとなり「なまいき蓮舫」と呼ばれるようになったかと思えば、その後には報道番組『ステーションEYE』のメインキャスターをつとめるなどして〝ジャーナリストとしての顔〟を持つようになったのだ。

そのことも関係しているのだろう。２００４年には民主党から参院選に出馬した。

その際にはこんなふうにも言っていた。

「私もジャーナリストの端くれですから現状は認識しています。けっして楽な戦いだとは思っていません」

「クラリオンガールだったころに、キャンペーンで１８０日も営業所周りをした経験があるので、支援者に頭を下げるのも苦になりません」（『週刊朝日』２００４年4月2日号より）

小泉内閣の時代だった。

それでもこの参院選で当選！　政治家としての歩みを始めた。

その後、日本の社会が行き詰まりをみせると、２００９年には民主党が政権をとっている。

そして蓮舫は〝**仕分け人**〟となり、辣腕をふるうことになったのだ。

スパコンの研究開発予算の妥当性を審議した際に口にした「**2位じゃダメなんでしょうか？**」と

いう言葉は再三取り上げられて、流行語のようにもなった。

そのイメージはどこまでもつきまとい、強く蓮舫と結びついている。


仕分け人だった当時から、本人はいろいろ大変だったようだ。

写真誌には、いまさらというように**グラドル時代の水着写真**なども出される始末……。

「正直、出さないでいただきたい。お願いします」と蓮舫は苦笑していた（『ＦＬＡＳＨ』２００９年12月8日号より）。

同じ『ＦＬＡＳＨ』の記事の中では「事業仕分けは損な役割？」と聞かれて、こう答えている。

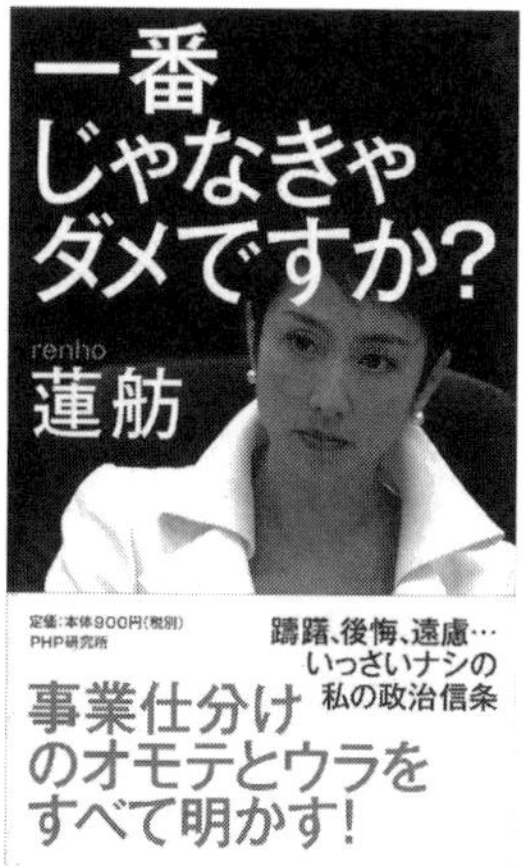

一番じゃなきゃダメですか？
renho
蓮舫
定価：本体900円（税別）
PHP研究所
躊躇、後悔、遠慮…いっさいナシの私の政治信条
事業仕分けのオモテとウラをすべて明かす！

蓮舫『一番じゃなきゃダメですか？』（PHP研究所）

「まあ、矢面に立っていますので。覚悟、承知しています。誰かがやらなければ絶対に前に進まない仕事ですから。もちろん批判、非難、集中しておりますが、すべて受け止めます」

スパコンの開発予算を削ったあとは、抗議や批判のメール、電話やファックスが殺到し、事務所は「機能停止状態」になったともいう。

ともに仕分けを担当した菊田真紀子議員とは、「**友達なくすよね**」と慰め合うこともあれば、疲れきったときには「生きてる?」とメールでやり取りしていたようだ。

力（政権）を持ったからこそのつらさもあれば、失ったあとの苦しさもある。

蓮舫は『**一番じゃなきゃダメですか?**』という、ある種自虐的なタイトルの著書も出している。それを読めば、「出る杭」になる覚悟をもって生きているのもよくわかる。

東日本大震災のあとにもカズは勇気をくれた

２０１１年3月11日、午後2時46分。

「**東日本大震災**」と名付けられることになる巨大な揺れが東北や関東を襲った。

この地震についてはあらためてここで書く必要もないだろう。誰でもそのときに見たこと、感じたことをいまも記憶しているはずだ。

忘れたくても忘れられない。忘れてはいけないことだ。

ただ、ここではそうしたことは語らず、カズの話に戻したい。

地震の18日後の3月29日。

44歳のカズは、カズにしか決められないゴールを決めた。

復興支援チャリティーマッチでのゴールだ。

日本代表とJリーグ選抜（ＴＥＡＭ　ＡＳ　ＯＮＥ）による試合で、横浜ＦＣ所属のカズはＪ

リーグ選抜の一員として後半途中から出場した。

後半37分に代表ディフェンダーをかわしてキーパーと一対一になると、見事にシュートを決めたのだ。それまで日本代表が2対0でリードしていたので、試合は結果的に2対1で日本代表が勝利したが、人々の記憶に残ったのはとにかくカズだった。

あのときは僕も、テレビを見ていて鳥肌が立った。

スタンドにも涙を流している人たちがいた。深刻な被害に遭っていた人たちは別にしても、被災地の人たちもあのゴールに勇気をもらった部分があったはずだ。

あの状況の中でゴールを決められる44歳のカズがいる。

その事実に日本中の人たちが、何かを感じた。

カズは振り返る。

「僕自身は、あの1点がこんなに影響力があるとは思っていなかった。ただ、あとから、毎日同じこと（練習）を続けること、**コツコツとやっていればいいこともある**ということが、多くの人々の気持ちとつながったのかな、と思った。あきらめないとか、勇気を持ってとか、そういうキーワードとそんな僕の姿勢がリンクしたのかな、と。

でも、98年にワールドカップに行けなかったことが、被災者の心理に重なるとかそういうことじゃないよ。被災者はもっともっと大きなものを失ったんだと思う。でも、**僕にとって、ワールドカップというのは、言葉では言い表せないぐらい重みのあるものだし、人生をかけてやっているも**

のだから。そんなことをどこかで感じてくれて、感動してくれた人も、もしかしたらいたのかもしれない。

ただ、あのゴールはもうあれでいいんですよ。時間とともに古くなっていくんです。思い出には残っても、新しい人は出てくるし、新しいゴールも生まれる……」（一志治夫著『足に魂こめましたカズが語った〈三浦知良〉』文庫版のためのあとがきより）

文庫化にあたってこんな言葉を紹介してくれた一志さんにも感謝だ。

あらためてカズの大きさを知らされ、心がふるえる。

ある時期からカズは、野球界の長嶋茂雄にも負けない無二の存在になっていたともいえる。

カズに会ったことはないが、取材したことがある長友佑都は、時々、電話やメールをくれるカズは「**いつも敬語を使ってくれる**」と恐縮していた。そのうえ、大切な試合前には「たくさんの人たちが応援していますから、その人たちのために頑張ってください。僕も長友選手の活躍を楽しみにしています」というようなメールをくれるというのだ。

澤穂希が結婚した際には「**生まれ変わったら一緒になりましょう**」という言葉で祝福したうえ、100本の赤いバラを贈った。そんなことができるサッカー選手はカズしかいない。もし他にいたとしても、いろんな意味でカズにはかなわない。

『Dear　KAZU　僕を育てた55通の手紙』という本の中では、南野陽子から届いた手紙も紹介されていて、いつ頃からか二人は「人生論」を語り合う友人になっていたということが書かれている。

南野陽子の手紙によれば、30歳になった頃、「芸能界を辞めたい」と口にすると、カズからは次のように言われたそうだ。

「サッカーの仕事には寿命がある。でも、女優の仕事には寿命がない。たとえ体が動かなくても気持ちがあればできる仕事でしょ？　それなのになんで辞めるの？」

「自分も惜しまれつつ辞めるのがスターの生き方だと思ってたけど、あと1年やれたのにという悔

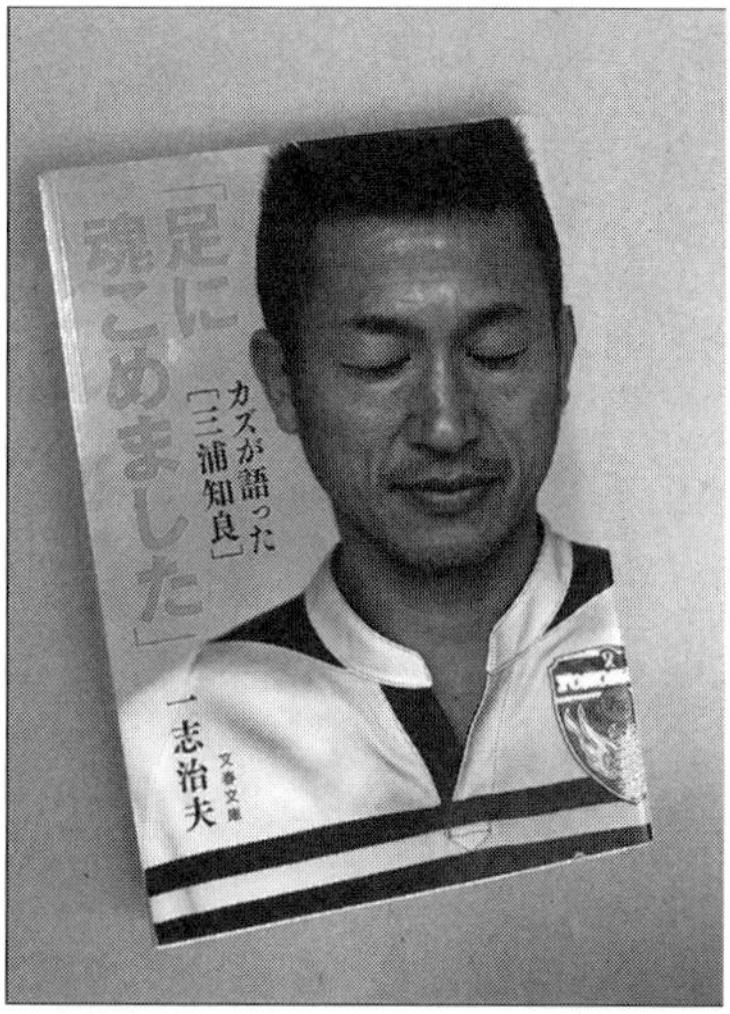

一志治夫『足に魂こめました　カズが語った〈三浦知良〉』（文春文庫）

『Dear KAZU　僕を育てた 55 通の手紙』（文藝春秋）

いは絶対に残したくない。人が辞めろと言っても続けられる場所がある限りボールを追い続けたい」

しびれる言葉だ。

南野陽子が30歳になった頃だとすれば、カズもまた30歳になって間もない頃だ。

美しき「昭和42年生まれ同士の友情」である。

清原和博はいま、懸命に生きている

もう一度、時間を戻して清原和博のことをまとめておきたい。

2005年シーズン中、**清原は巨人から戦力外通告を受けて、オフにオリックスへ移籍**した。

オリックスには3年在籍することになるが、活躍らしい活躍はできなかった。この3年はヒザの故障と戦うことになってしまうのだ。

その戦いは本当に壮絶なものだったようだ。

オリックス2年目の2007年7月には、**自身3度目の半月板の手術**を受けている。

これが前代未聞の手術で、ヒザには10カ所にも及ぶ穴が開けられた。

ヒザの軟骨を5カ所除去して、そこに別の組織を移植する。

手術後3週間は寝たきり状態で、自立歩行できるようになるまでには4カ月かかったという。

40歳になって、そんなところから復帰を目指すアスリートなんて、そうはいない。ゴンがやっていたこととも重なるところはあるが、二人ともバカだとしかいいようがない。見ていられないバカ、愛すべきバカ、である。

手術前から、手術に成功しても痛みが消えることはないという説明を受けていたが、手術後の痛みは想像を絶するものだったようだ。

家の壁が穴だらけになるまで壁を殴り続け、意識がなくなるまで酒を飲むこともあったという。大のオトナ、プロレスラー級の体を持つアスリートがそこまで悶絶した痛みがどんなものなのかは想像もできない。

この年、清原は一度もバッターボックスに立つことはなかった。

それでもあきらめずに戦い続けた。

『告白』の中で清原はこう語っている。

「1日1日、ほとんど進んでいないように思えるリハビリの中、僕は24時間、膝のことを考えていました。長男はちょうど物心つく頃だったし、子供たちが大きくなってきたので、もう1回、グラウンドに立っている姿を見せてあげたいという一心でした。はっきりした形でホームランを見せてあげたかった。今、振り返ってみると、**僕が引き際にこだわって、あの手術をしたのは、もう1本、ホームランを打ちたかったからだったんだ、とはっきりわかります。**自分の野球人生の死に様を飾るホームラン。それと子供たちに、父親がすごいというところを見せるためのホームランです」

翌年の8月にようやく復帰はできた。

座薬を入れて痛み止めを飲みながら、代打としての出番を待つ日々だった。

あと一本のホームランを欲してやまなかったが、打てなかった。

さすがに限界だった。

シーズン中に引退を表明していたうえでオフには**現役生活の幕**を引いている。

引退試合の前には王貞治から花束を渡され、「生まれ変わったら同じチームでホームラン競争をしよう」と言ってもらった。

そのことは清原にとって人生の救いになっているはずだ。

子供の頃から王さんは、ずっと憧れの人だったからだ。

『文藝春秋』（2018年9月号）に掲載された「独占手記」にも書かれているが、子供の頃、一緒に野球を見ていたおじいちゃんはよく独り言のように「和博、日本一の男になれよ」と呟いていたのだという。それを聞いていた清原少年は、日本一の男になるというのは「巨人で一番になること」、「王さんみたいな選手になること」だと思い続けた。

だからこそ清原には、あのドラフトの結果がつらすぎたのだ。

そのときからずっと心に残っていたしこりがようやく消えた。

このとき清原は41歳。

あのドラフトからは23年という時間が流れていた。

引退後は評論家、タレントとしての活動を始めたが、それほどさかんな活動ではなかった。

試合解説をしたくても、一試合のあいだ座り続けていることさえできずに出演を断念したこともあったという。


そして……。引退から7年が過ぎた2016年2月に覚せい剤取締法違反(所持)容疑で**現行犯逮捕**されることになる。

いつから覚せい剤に手を出していたかは定かでないにしても、家の壁を穴だらけにするほどだったというヒザの痛みも無関係ではなかったはずだ。

逃げずに戦おうとした結果、最も逃げてはならないところに逃げてしまい、暗くて深すぎる穴に落ちてしまったわけである。

やめなければならないのがわかっていながらやめられないので、逮捕される以前から自殺を考えたことも少なくなかったという。そのために日本刀を買おうと考えたこともあったそうだ。

判決は懲役2年6カ月、執行猶予4年。

以来、メディアを通して清原の姿を見ることは、ほぼなくなった。

この時期の清原は薬物依存とうつ病を治療するため通院するなどしながら、孤独な日々を過ごしていたようだ。

前出の「独占手記」にはこうも書かれている。

「僕が戦っているのは薬物依存症と鬱病です。これまで落ち込んだ気持ちを、薬物で高揚させていたわけですから、使うのをやめれば鬱病を発症する。ほとんどの薬物中毒患者がそうなるそうです」

「朝目がさめても、起き上がることさえできません。しばらくそのままの状態で、何もやる気が起きず、立ち上がることすら億劫に感じます。（中略）昼近くになって、ようやく起き上がっても、気持ちはズーンと沈んだままです。何も考えられず、表に出る気にもならず、頭に浮かぶのはただ『死ぬこと』……。僕は高層マンションに住んでいるんですけど、そこから下を覗いてしまうことがあります。今はスマートフォンでいろんなものを検索できますから、死に方を探してみたり、飛び降り自殺した人の写真を見たり、そういうことを自然としてしまうんです」

覚せい剤をやっていてやめられないことに悩んでいた時期にはもう死ぬしかないと思い、逮捕されて覚せい剤をやめ、ひとりで依存症と鬱病と戦っていた際にも、死ぬことを考えてしまっていたわけだ。

かつてのスターが落ちた穴は、それほど暗くて深かったということだ。

そこからまた時間は過ぎている。

逮捕から3年が経った2019年3月、依存症への理解を深めるための啓発イベントに出席するかたちで、逮捕後はじめて清原は公の場に姿をみせている。

このイベントは厚生労働省主催のものだった。そこに呼ばれた事実は、**清原の禊を国が認めたこと**を意味する。そこまでたどり着けたのはとにかくよかった。

清原は51歳。

この時点でいえば、同級生はほとんどみんな51歳だ。

サラリーマンであれば定年を意識しはじめる年齢なのだろうし、僕のような自由業であれば曲がり角に差しかかっている年齢である。人生の新章を考える人もいるはずだ。

人生の曲がり角にきているといっても、ちょっと長生きするなら、そこはまだ、人生の折り返し地点に程近い場所になる。

すべてを失い、そんな場所に立ってしまったならば、そこからどうすればいいのか？

これから先が気になるところだが、清原和博は終わっていない。

なにせ昭和42年生まれの同級生のなかでは10代のうちから先頭を走ってきたトップランナーだ。躓いても「これから」がある。

『告白』の最後に清原はこう語っている。

「これは、おばあちゃんの遺言なんですけど、**降った雨は止むし、陽はまた昇る**。そう思って、毎日、毎日、過ごしているんです」

この原稿を書くために『告白』を読んだが、正直にいえば、こういう人間のことを外野から原稿に書いている自分が嫌になってきた。

清原和博は、純で、バカで、死にもの狂いに生きてきた人間……、生きている人間だ。

死にもの狂いになったことなどはなく、漠然と生きている自分がそういう人間について語る資格があるのか？

そうなふうにも思えてきたのだ。

清原に限ったことではない。

この本に登場してもらった誰についても同じようなことがいえる。

だけど僕は、書くのをやめず、原稿を書き切り、この本を出すことにした。

言い訳のようにはなるけれど、同じ年（同じ学年）に生まれたというだけで他人じゃないと思えるからだ。そしてもちろん、ここに書いてきたことが、同級生たちの勇気になることもあるはずだと信じるからである。

「僕は野球が大好きです」。ただそう言える桑田真澄という求道者

桑田真澄のその後はどうだったか……。

浮き沈みはありながらも巨人には21年間、在籍した。

2003年頃からは故障に悩まされることも増え、翌年には堀内恒夫監督が**引退勧告**といえる言葉を口にしていた。

それでも桑田は現役を続けたが、やはり故障は絶えなかった。

それればかりか、球団とのあいだにできた溝のようなものも深まっているように見えていた。

そして、清原が巨人を離れた1年後の2006年オフに巨人に別れを告げて、**メジャーリーグに挑戦**している。

パイレーツとのマイナー契約で迎えた2007年シーズンは、開幕前に不運なアクシデントに見舞われた。審判と交錯するかたちで右足首の靭帯を断裂してしまったのだ。大事な時の靭帯断裂である。

それでも桑田はリハビリに努めてカムバックを果たした。

3Aで復帰してからメジャーでの登板も果たした。

それが39歳のときだった。

メジャーリーグ史上7番目の高齢デビュー。

文字どおりのオールドルーキーである。

翌年もマイナー契約からメジャー昇格を目指したけれども、それがかなわず帰国した。

その後は解説などをしていたが、2009年には**早稲田大学大学院スポーツ科学研究科修士課程1年制コースに合格して、入学**している。

実をいうと僕は、その入学式に行っている。桑田ではなく、同じときに入学した現役ボートレーサー江口晃生（昭和40年生まれ）を取材するためだった。

このときは桑田に直接、声をかけることはなかった。すぐ近くでその姿を見ただけだ。

桑田を目の前にしたのはそれが初めてだった。

その場所が、僕が18歳のときから4年間を過ごした早稲田大学文学部キャンパスのラウンジ近くだったのだから、タイムトラベルでもしているような気がしたものだ。

この頃まで桑田に対しては特別な感情を持ってはいなかったが（巨人を離れる頃まで良く思ってはいなかったが）、「よく早稲田に来たね」と言いたい気持ちになっていた。

現金なもので、その後は外野の立場から桑田の人生を応援している。

早稲田の大学院を修了したあとの桑田は、**東大野球部の特別コーチ**になったり、**東京大学の大学院研究生**になるなど、独自の歩みをみせている。

２０１２年にはテレビ番組の企画で「息子にホームランを見せたい」という清原と対決している。番組のために20キロ近く減量したという**清原とのあいだで真剣勝負**を繰り広げたのだ。

清原劣勢はあきらかだったが、最後は桑田が、清原にとってもっともホームランを打ちやすい軌道のボールを投げ、それを清原がホームランした。

そんなボールを投げられる44歳のリタイア選手はまずいない。

もちろん清原も、桑田がそういうボールを投げていたことには気がついていた。

見ていて涙が浮かんでくるような美しい戦いだった。

「いいものを見せてもらった」という気持ちでいっぱいになった。

考えてみれば、桑田もまた純な人間だ。

時として周りが見えなくなって自分の信念を貫こうとするところもあるのだろう。

だが、それもまた求道者だからこそなのだろうと思う。

桑田は、自著『**挑む力**』にこう書いている。

「メジャーリーグに挑戦したのは、簡単な理由からでした。

『**僕は野球が好き**』

ただ、それだけのことでした」

「確かに僕は勉強が好きです。いままで知らなかったことを学べるのは、何歳になっても素晴らしい経験です。ただし、いまここまで勉強に一生懸命打ち込める理由は、大好きな野球のための勉強だからです。今さらですが、僕は野球が大好きです」

その言葉にはいっさいの嘘がない。

いつかまっ白な灰になるまで

令和という新しい時代を迎えたなかで、昭和42年生まれの僕たちは、それぞれに生きている。

テレビを点ければ、坂上忍や松岡修造の姿を見ない日はない。

いまなおカズがピッチを駆け続けている意味も大きい。

まだ平成だった2月にカズは**52歳の誕生日**を迎え、多くの人たちに祝福される様子がさまざまなメディアに報じられた。

その際にカズはこう言った。

「1試合でも多く試合に出て、ゴールやアシストにこだわりたい」

「先発にこだわりたい」

どうしてカズの誕生日がそれだけのニュースになるのかといえば、いまなお〝**現役**〟であり続けているからだ。イギリスのメディアさえも「**世界最年長のサッカー選手**」としてカズの誕生日をニュースとして伝えたという。

その後には所属する横浜FCで先発出場も果たした。

先発出場した2度目の試合では、17歳の選手も先発出場していた。

二人の年の差は35歳である。

フランスワールドカップを知らずに生まれてきた子供がプロサッカー選手となって同じピッチに立つまで、カズは現役であり続けているのだ。

ワールドカップを目の前にして「いらない」と告げられてからの時間は長かったのか、それとも短かったのか……。

誰も追いつけないような場所を走ってきて、いまなお走り続けている。

10年前の話になるが、カズは、連載していた『日本経済新聞』のコラムでこう書いていた（2009年2月6日付）。

「今季のJ2はチーム数が増えて51試合の長丁場になる。それでも次の試合に備えて早めに途中交代するとか、疲労を考慮した起用はしてほしくない。苦しい練習に耐えているのも、試合で力を出し切るため。だから中途半端が一番良くない。携帯電話の電池と同じで、最後まで使い切ってから充電した方が長持ちするものだから。

もちろんすべては監督が決めることで、試合のパフォーマンスが悪ければ使ってもらえないし、疲れて動けなくなったら最後までプレーさせてはもらえない。『あしたのジョー』のように**真っ白**

な灰になるまで、ボロボロになるまでプレーしたい。そんな希望を持ちながら、1年間を戦い抜くつもりだ」

さすがにカズは昭和42年生まれである。

ジョーと同化している。

カズだけではない。

清原も桑田もゴンも、そして僕たちも……。

ジョーと同じ年に生まれたからには戦い続けなければならない。

真っ白な灰になるその日まで。

僕たちの逆襲はこれからだ。

［特別インタビュー］**玉袋筋太郎**

昭和42年に生まれたことには、えれえ感謝してるよ

※玉袋筋太郎　昭和42年6月22日、東京都生まれ。水道橋博士と「浅草キッド」を組むお笑い芸人。全日本スナック連盟会長でもあり、「スナック玉ちゃん　赤坂本店」などを経営している。

▼岡田有希子ちゃんは隣りの高校だった

──実をいうと僕は、玉袋さんとは生まれたのが3日違いなんです。

玉袋筋太郎（以下、玉袋）　へえ〜、そうなんですか。それはもはや運命ですな。

──運命とまでいえるかはともかく、勝手に親近感を抱かせてもらっています。同じ年の生まれというだけでも他人のような気がしない部分もある気がしますが、そういう感覚はないですか？

玉袋　それはたしかにあるな。同じ年の仲間っていっぱいいるしさ。やっぱり親近感、あるよね。何年か前にＮＨＫ－ＢＳで、昭和42年生まれの人間を集めて当時の世相を振り返るような番組があったんですよ。それに出たのがオレと**伊集院光**と**松村邦洋**、**南野陽子**ちゃんと**生田智子**さん、それに**香田晋**だったかな。

南野陽子ちゃんなんてのは、オレと誕生日が1日違いなんですよ。オレはこの世界に入るときに

も「南野陽子さんとお付き合いできたらいいな」なんて、かなわぬ夢を持っていたくらいで。『スーパージョッキー』って番組で一緒になったときには、リハーサルのあとに3階の楽屋に行くとき、同じ空気を吸いたいと思って同じエレベーターに乗っちゃったりしてさ。何をしたわけでもなく、「ああ、同じ空間に南野陽子がいるよお」って感慨にふけったこともあった。その南野さんがですよ、BS番組の収録のときに台本を破いて自分の名前と電話番号とメールアドレスを書いて、「せっかくこうして集まったんだから42年会をつくって食事に行ったりしましょう」って回しだしてくれたんですよ。「うわあ、やったあ！」って思って。でも、その日たまたまオレは携帯を変えたばっかりで、番号もアドレスもわかんなくて、書けずに回したの。それで「ちくしょう、あいつら、ナンノちゃんとメシ食いにいったりしてんのかなあ」と思って伊集院に聞いたら、「うん、そんな電話、一度もかかってきたことがない」って（笑）。そういう**幻の42年会**があったんですよ。

——そんな会をつくろうという気になるのが同じ年生まれの絆ですよね。

玉袋　この業界の友達って誰かなとか考えると、やっぱり同じ年の伊集院とか**ピエール瀧**とかが浮かぶもんな。オレたち（浅草キッド）が『**オールナイトニッポン**』をやってた頃にあいつら（電気グルーヴ）も違う曜日でやっていて。おもしろい奴らだって聞いてたからスタジオに伝言板みたいなものを作って、やり取りするようになったんですよ。「先日、松茸狩りに行ってきました」ってメモをめくると、違う松茸をくわえてる写真が出てくるようにしたりとかさ（笑）。そういうところから始まって、一緒にライブやったり、お酒飲みに行くようになったりしてね。瀧はああいうことなっちゃったけど、判決のあった夜に電話がかかってきて「心配かけてごめん」って。オレ、泣いちゃったよ……。

――伊集院さんとも長いんですか？

玉袋　長いね。20歳か21歳くらいからかな。オレたちは落合の汚ねえ喫茶店でライブやってたんだけど、そこに見に来てくれてさ。考えてみれば、伊集院のほうが芸歴でいうと、おにいさんなんだよ。だけど伊集院ってさ、「玉さん」って呼んでくれるんだよね。その頃はまだ『Ｏｈ！デカナイト』はやってなかったはずだな。そこから大化けしたわけじゃん。あと、さまぁ～ずもそうか。**大竹一樹**と**三村マサカズ**も同じ年で。まだバカルディだった頃にはお酒飲んだりしてたよ。

――同じ年のタレントに対してはライバル意識みたいなものはありますか？

玉袋　そういうのはないね。瀧だって売れたときは嬉しかったもん。日本を代表するような俳優になっちゃったじゃん。すげえとこまで行ったなって。同じ年の仲間として誇りに思ったよね。

――付き合いの有無にかかわらず、昭和42年生まれというと、誰を思い出しますか？

玉袋　やっぱりまず**桑田清原**だよね。あれだけ活躍した二人を高校生のときから、同じ年の人間として見ちゃってたわけじゃん。オレも高校を出て、違ったプロの世界に入ったわけだけど、こんなに貧富の差がつくものなのかと！　ずいぶんと差をつけられたな、一生追いつかねえなって思ったもんだよね。自分の人生と同時進行で見てきたようなところがあるよな。

――**岡田有希子**さんなんかも……。

玉袋　そうだ！　同級生だ。岡田有希子ちゃんなんて隣りの高校だったから。当時、同じ学年の男子は、岡田有希子派と菊池桃子派に分かれていて（菊池桃子は昭和43年5月生まれで1学年下）、相当な派閥争いがあったんだけど。岡田有希子派は中野坂上で張ってると、本人に会えたんだよね。オレは菊池桃子派だったんでそれがうらやましかったんだ。だけど、オレが高校を出て弟子入りしたあと、あの事件があってね。ちょうど、あの裏に師匠が住んでたから。一日中、あの現場にいて、念仏みたいなものを唱えている人たちの姿も見てましたよ。

あと、**古賀稔彦**は世田谷学園だったじゃない。オレの友達はその近くの高校で柔道やってて。同じ区域内だから合同練習とかもあったそうなんだけど、とにかく古賀は圧倒的だったって言うんだ。こんな一本負けをするのかっていうような一本負けをして、投げられると気持ちいいくらいだって言ってた。彼はそれが自慢なんだよな。いまだに酒飲むと、そのことを言ってるよ。

▼52歳なんて、まだまだ洟垂らしなんだよ

――昭和42年という年に生まれたことについてはどう感じていますか？

玉袋　オレね、本当にこの年代に生まれて、すっげえ恵まれてるなと思ってる。70年代とか80年代で青春しちゃったというと、軽く思われるかもしれないけど、**カルチャーの発生とか変化とか**、すごかったわけじゃないですか！　漫才ブームがあって、お笑いの世界が変わっていく状況も見てきたし。インベーダーが出てくるわ、ファミコンが出てくるわ。映画だって、すげえ映画がどんどん

きたわけじゃん。『スター・ウォーズ』とかさ。すばらしい時代を生きてこられたし、そういう年に生まれてよかったと思うよ。

——今回の本ではまさにそういうことを書いてるんです。生まれたときからインターネットやスマホがあったわけではなく、ビー玉とか人生ゲームとかから始めて、ヨーヨーとかインベーダーとかすべて通過してきている。それがよかったと思うんです。

玉袋　そうよ！　ひとっとおり、全部やったよな。なんでもだよ。オレなんてとくに新宿で生まれ育つという恵まれた環境にあったからさ。ホント、楽しかった。うちの周りなんて、高層ビルもバンバン建っていったし、そういうのを見れたのもよかった。よく言ってんだけど、オリンピックのために昔の国立競技場が壊されたじゃん。あれっていうのはオレの故郷の風景なわけ。だから、故郷の山を削られたみたいなものなんだよね。ああ、風景が変わるって。それが日々のことだからね。あの頃は後楽園球場もおもしろかったし歌舞伎町もおもしろかったもんな。ドキドキしたよ。

——子供の頃から歌舞伎町に行ってたんですか？

玉袋　行ってた、行ってた。昼間でも夜でも。映画が公開されると一番乗りで見に行くから、徹夜するのよ。そういうときにもスリルを味わったし、人を見る目も養われたよね。だってさ、ヤクザとかポン中とかがうろうろしてたわけじゃない。その中で普通に遊んでたんだから。この人、あぶねえなとか、わかるようになるんだよね。高校時代なんて、歌舞伎町で出前をやってたからさ。風営法が改正された日（昭和60年2月13日）なんて、オレは歌舞伎町でラーメンの配達をしてたんだ。

玉袋筋太郎さん

夜の10時、11時に**街の灯りが消えてしまった**ところなんかを目の当たりにしてるんだよね。ああいうのを体験できたのは貴重だよね。バブルも遠目で見てたし。

——文化や環境、技術の変化などをずいぶん肌で感じてきた気がしますよね。

玉袋　するよね。エロとかもさ。ビニ本や裏本が出てきたり。VHSが出てきて、アダルトビデオが出てきたわけじゃん。それを全部見られたっていうのはなかなか幸せもんだよね。あの頃はみんな、貪欲だったしさ。すごかったよ、あのエネルギーはさ。**自販機のエロ本を買いに行くほどの冒険ってのはないぜ**。遠洋漁業みたいなもんだったもんね。みんなでカネを出し合って、夜中に家を出て行くわけだ。親には釣りに行くって言って、釣竿持って自動販売機に向かうんだよね。自動販売機の中にはカメラが入ってて、未成年が買おうとするとわかるとか言いだすバカもいたから、デストロイヤーみたいなマスクをかぶって買ったりしてさ。昔の自販機は、買うときにビーって音が鳴って、うるせえんだよ。逃げろって！　ああいうの

は楽しかったよなあ。

——中学時代が**校内暴力のど真ん中**でしたよね。

玉袋　そう、ど真ん中！　でもね、42年生まれにはそんなに悪いのはいなかった気がするんだよね。いちばん悪かったのはいっこ上かふたつ上だよ。あと、オレらのいっこ下。卒業式にはパトカーが待機してたし、私服警官もぞろぞろ入ってたしさ。でもオレは、グレるって格好悪いと思ってたから、グレなかった。みんながツッパリやってるときにオレは師匠の『オールナイトニッポン』に出合って。むちゃくちゃなことばっかり言ってる師匠のほうが悪い人なんじゃねえのかって思ったんだよな。格好いいワルだって。

——プロレスで育った部分もありますよね。

玉袋　あるよね。**猪木―ウィリー戦**なんて、正座して見てたもんね。録画じゃなく録音しながら見てたよ。梶原一騎がいて、『四角いジャングル』があって、毎週毎週、どうなるんだって。最高だったよねえ。**情報がいまみたいに発達してない分、幻想がふくらんだよね**。そこをグッと摑んでくれたのが梶原センセイだ！　本当にワクワクさせてくれたよ。だって、友達同士でも、どっちが強えかって話以外はしてねえんだもん。ファンタジーの部分があったからといって、それを糾弾したくはないよね。夢を見させてくれてありがとうって言いたいよ。

——昭和から平成を経て、令和となりましたけど、やっぱり昭和がよかったですか？

玉袋　まあね。それは否めない。考えてみれば平成のほうが長く過ごしてるんだけど、やっぱり昭和のほうが好きで、**いまも昭和94年として生きてる**んだよね。

――スナックの啓蒙活動をしているのも昭和文化への愛ですかね。

玉袋　それはあると思うよ。高度経済成長を支えたモーレッツ社員とかがいたわけじゃない。その人たちを陰で支えていたのが**スナックのママさん**だったりするからさ。縁の下の力持ちとして、水商売の中のど真ん中にあったわけです。それがいろんなナイトビジネスの出現によって、どんどん、はじっこに追いやられてしまったのが許せなくて。オレがやってるのはある意味、恩返しだよね。

――昭和42年生まれには波瀾万丈の人が多い気がします。

玉袋　それはいいよね。オレも青春時代は売れてなくて、お金なかったけど、いまは好きなように生きていられるし、自由に遊べる不良になれてるわけだよ。早いうちになんでもかんでも手を出して、いい目を見すぎちゃうのはよくねえっていうのは、ずっと思ってた。その分を取り返すことができてるもんね。オレなんて、**『トラック野郎』の桃さん、『男はつらいよ』の寅さん、『亀有』の両さん、『ど根性ガエル』の梅さん**という4人にずいぶん影響を受けて育ってきたからね。ちっちゃい頃から〝早くおじさんになりたい〟ってずっと思ってたんだ。いまはだんだん理想のおじさんに近づけてるんじゃないかな。52歳なんて、まだまだ洟垂らしなんだけどね。オレのおふくろなんて、「**男は50歳から**だから、遊ぶだけ遊べ」って言ってましたよ。

とにかく昭和42年生まれっていうのは抜群だよね。相性も抜群！　この年に生まれたことには、えれえ感謝してるよ。だいたい1年前が丙午で、そこでは子供を産みたくないって1年我慢して、**絞り出すように生まれた**のがオレたちだから。それだけでも奇跡のような存在だよね。昭和42年生まれはいいヤツばっかりだって。そんな気もしてますよ。いや、ホントに。

【参考文献・資料】

『清原和博　告白』　清原和博／文藝春秋
『スジ論』　坂上忍／新潮新書
『偽悪のすすめ』　坂上忍／講談社＋α新書
『「荒ぶる」復活』　清宮克幸／講談社
『勝負魂』古賀稔彦／ベースボール・マガジン社
『新宿スペースインベーダー　昭和少年凸凹伝』玉袋筋太郎／新潮文庫
『明日吹く風のために……』　天海祐希／講談社
『遺言　最後の食卓』　林葉直子／中央公論新社
『魂の在処』　中山雅史、時見宗和／幻冬舎
『[日めくり]まいにち、修造！　心を元気にする本気の応援メッセージ』　松岡修造／ＰＨＰ研究所
『挫折を愛する』　松岡　修造／角川ｏｎｅテーマ21
『一番じゃなきゃダメですか？』蓮舫／ＰＨＰ研究所
『Dear KAZU　僕を育てた55通の手紙』　三浦知良／文藝春秋
『挑む力　桑田真澄の生き方』桑田真澄／集英社文庫
『やめないよ』　三浦知良／新潮新書
『完本清原和博』スポーツ・グラフィック　ナンバー編／文春文庫
『番長伝説　清原和博』　ＦＲＩＤＡＹ編集部編／講談社

『清原和博野球バカ一代』　中田潤／ゴマ文庫
『伝説のオリンピックランナー〝いだてん〟金栗四三』　近藤隆夫／汐文社
『元アイドル！』　吉田　豪／ワニマガジン社
『弔辞　劇的な人生を送る言葉』　文藝春秋編／文春新書
『彼らの転機　アスリートはここから世界に挑んだ』　芦田富雄／日本経済新聞社
『Sports Graphic Number ベスト・セレクション４』　スポーツ・グラフィック　ナンバー編／文藝春秋
『別冊宝島ＥＸ　決定版！女子プロレス読本』　宝島社
『別冊宝島４６６号　ペットのおかげ』　宝島社
『家の履歴書』　梶山寿子／光文社知恵の森文庫
『足に魂こめました　カズが語った〈三浦知良〉』　一志治夫／文春文庫
『ＧＯＲＯ』　１９８４年７月26日号
『週刊朝日』　２００４年４月２日号、２０１６年８月19日号
『オリコン・ウィークリー』　１９８５年12月23日号
『スコラ』　１９８５年11月28日号
『週刊文春』　２０００年８月17・24日号、２０１７年５月４日・11日号
『女性自身』　１９９２年11月17日号、２０１６年３月15日号
『週刊現代』　１９８８年５月14日号、２０１０年９月14日号
『婦人公論』　２０１４年７月７日号
『女性セブン』　２００５年11月24日号、２０１５年８月27日号
『週刊実話』　２０１０年７月８日号

『アサヒ芸能』１９９０年５月10日号、１９９２年６月18日号、２０１１年７月28日号、２０１４年８月７日号
『エフ』１９８５年２月号
『週刊プレイボーイ』１９９０年２月20日号
『ＰＯＰＥＹＥ』２０１８年３月号
『宝島30』１９９５年４月号
『微笑』１９９３年６月12日号
『ＦＬＡＳＨ』２００９年12月８日号
『文藝春秋』２０１８年９月号

『日刊スポーツ』
『スポーツニッポン』
『サンケイスポーツ』

[著者紹介]
内池久貴（うちいけ・ひさたか）
昭和42年（1967）福井県生まれ。早稲田大学第一文学部卒業。出版社勤務などを経て、作家、ライターとして活動。作家としての著書に『月蝕——中原中也の狂想』（主婦の友社）、ライターとしての著書に『福井の逆襲』『幕末名言物語』（言視舎）などがある。『なぜ、日本人は？』（ランダムハウス講談社）など、主筆を務めた共著も多数。構成を担当した書籍や新書も多い。

装丁………佐々木正見
イラスト………工藤六助
DTP制作………勝澤節子
編集協力………田中はるか

「昭和42年」生まれの逆襲

発行日❖2019年7月31日　初版第1刷

著者
内池久貴
発行者
杉山尚次
発行所
株式会社言視舎
東京都千代田区富士見2-2-2 〒102-0071
電話 03-3234-5997　FAX 03-3234-5957
https://www.s-pn.jp/
印刷・製本
モリモト印刷㈱

ISBN978-4-86565-154-6 C0036